转基因粮油作物研发育种技术发展战略研究

王瑞波　王济民　孙炜琳　著

中国农业科学技术出版社

图书在版编目（CIP）数据

转基因粮油作物研发育种技术发展战略研究 / 王瑞波，王济民，孙炜琳著.—北京：中国农业科学技术出版社，2017.10

ISBN 978-7-5116-3295-1

Ⅰ.①转…　Ⅱ.①王…②王…③孙…　Ⅲ.①转基因技术-应用-粮食作物-作物育种-研究②转基因技术-应用-油料作物-作物育种-研究　Ⅳ.①F326.1　②S188

中国版本图书馆 CIP 数据核字（2017）第 251870 号

责任编辑　崔改泵
责任校对　马广洋

出 版 者　中国农业科学技术出版社
北京市中关村南大街 12 号　邮编：100081
电　　话　(010)82109194(编辑室)　(010)82109702(发行部)
(010)82109709(读者服务部)
传　　真　(010)82106650
网　　址　http://www.castp.cn
经 销 者　各地新华书店
印 刷 者　北京昌联印刷有限公司
开　　本　700mm×1 000mm　1/16
印　　张　8.5
字　　数　130 千字
版　　次　2017 年 10 月第 1 版　2017 年 10 月第 1 次印刷
定　　价　50.00 元

前　言

转基因技术是现代科技史上发展最快、在农业上推广应用速度最快的技术，同时也是引起争议最大的一门技术。尤其是近十几年来，关于转基因技术商业化所引发的争论更加激烈。世界各国对转基因技术商业化的态度迥然不同，美国是对转基因技术最为推崇的国家，其转基因作物种植面积占全球的大约50%，欧盟、日本、新西兰等地区和国家则采取了非常谨慎的态度。这种差异说明，对转基因技术采取何种态度要立足于本国国情，全面衡量本国的技术、经济发展水平和相关产业发展状况。

我国高度重视转基因技术的发展，2006年国务院发布的《国家中长期科学和技术发展纲要（2006—2020）》中，将转基因生物新品种培育列为重大专项，将生物技术列为前沿技术。2008年，国务院批准了转基因生物新品种培育重大科技专项，计划在未来15年内投入200多亿元用于发展转基因技术，“获得一批具有重要应用价值和自主知识产权的基因，培育一批抗病虫、抗逆、优质、高产、高效的重大转基因生物新品种，提高农业转基因生物研究和产业化整体水平，为中国农业可持续发展提供强有力的科技支撑”是实施转基因生物新品种培育重大科技专项的主要目标。2013年12月23日习近平总书记在中央农村工作会议上首次公开发表对转基因问题的看法。他说，“我强调两点：一是确保安全，二是要自主创新。也就是说，在研究上要大胆，在推广上要慎重。转基因农作物产业化、商业化推广，要严格按照国家制定的技术规程规范进行，稳打稳扎，确保不出闪失，涉及安全的因素都要考虑到。要大胆创新研究，占领转基因技术制高点，不能把转基因农产品市场都让外国大公司占领了。”

到目前为止，中国批准种植的转基因作物只有棉花和木瓜，没有批准任何转基因主粮的商业化生产，但是支持转基因的态度是坚定的。加强农业转基因生物技术研究、安全管理、科学普及，积极发展转基因技术、增强自主知识产权储备是党中央做出的重大战略决策。落实这一战略决策部署的关键是要确立符合我国国情的转基因技术发展方向和重点领域。转基因粮油作物研发育种是转基因生物新品种培育的重要组成部分，目前，我国在该领域已取得了一些突破性进展。但是由于起步较晚，与发达国家相比仍存在一定差距。

在我国，如何发展转基因技术存在着两个急需解决的关键问题，迫切需要开展相关研究。一是如何正确评价转基因技术。目前，国内对发展转基因技术的态度不一，如何对转基因技术有一个客观的评价，既不盲目夸大，又不全盘否定，是我国在发展转基因技术的过程中必须要解决的问题。二是符合我国国情的转基因技术发展方向和重点领域是什么？这需要在全面考察国外转基因技术的发展动态、知识产权格局和未来趋势的基础上，结合我国农业发展和粮食安全的现实需要，对我国转基因技术的发展方向和重点领域开展专门研究。

本书分析了我国粮油作物生产现状、国内市场需求、进出口情况及面临的制约因素和技术需求，探讨了加快转基因作物育种研发的重要意义，对世界和我国转基因技术的研发情况进行了详细梳理；对美国、欧盟、日本和巴西转基因作物育种研发、管理和法规建设的发展模式进行了对比分析。通过已有文献和相关资料，总结了世界上已实现商业化转基因作物的经济效益、社会效益和生态效益，并对转基因作物商业化的风险进行了深入探讨。

本书得出的主要研究结论如下：①作为一个发展中大国，我国必须独立发展以转基因技术为核心的生物技术体系，拥有自主创新的技术和品种，在生物技术革命中占据一席之地。②应根据我国的国情确立转基因技术研发目标和重点领域，不能盲目跟从国外的所谓“前沿”。我国转基因技术研发应着重于基础研究，建议将研发重点放在转基因标准技术、方法和功能基因等基础性研究方面，以利突破国外在转基因技术方面形成的知识产权垄断。③慎重对待转基因主粮作物的商业化，本着为中华民族长远利益考虑的立场，对转基因作物的潜在风险进行严密和长期的跟踪研究，在没有充分的科学研究证明其无害之前，我国应慎重对待转基因作物种植和转基因产品的进口。④理性认识转基因技术对粮食增产的作用，尤其不能寄希望于依靠转基因技术解决粮食安全问题，更不能把保障粮食安全作为商业化种植转基因主粮作物的理由。

根据上述研究结论，提出如下政策建议：①加快转基因技术的研发，培育有市场价值的转基因新品种；②加强转基因安全技术的研究，健全安全评价体系；③均衡发展转基因育种技术与传统育种技术；④坚持消费者自主选择原则，加强转基因知识的宣传。

本书是本人在中国农业科学院农业经济与发展研究所从事博士后研究期间主持的博士后基金项目研究成果和王济民研究员、孙炜琳研究员主持的农业部 2013、2014 年“转基因生物新品种培育”重大专项管理工作经费项目研究成果的集成。中国农业科学院农业经济与发展研究所黄圣男博士、姜茜博士，硕士研究生刘明、田家榛及安徽农业大学经管学院硕士研究生肖雷参与了数据资料搜集与部分研究工作，对他们的辛苦劳动表示衷心感谢！

由于水平有限，书中难免有不妥之处，恳请广大读者批评指正。

王瑞波

2017 年 6 月

目　　录

第一章　导　　言

一、研究背景及意义

转基因技术是现代科技史上发展最快、在农业上推广应用速度最快的技术，被称为全球普及最为迅速的生物技术，同时也是引起争议最大的一门技术。尤其是近十年来，关于转基因技术的争论更加激烈。如何对待转基因技术是各国政府都面临的共同问题。自 1996 年世界上首个转基因作物在美国商业化以来，转基因作物种植面积快速增加。2016 年全球转基因作物种植面积达到 1.85 亿公顷，大致相当于英国国土面积的 8 倍，较 1996 年增长了 108 倍，全球大豆面积的四分之三、玉米面积的四分之一为转基因品种。

与转基因作物快速扩张相伴随的则是对转基因技术的巨大争议。转基因技术是一把“双刃剑”，一方面它对于农业生产具有革命性的意义，但同时它对生物多样性、环境和健康方面的影响仍然是一个未知数。科学家们通过试验对转基因作物在生态、环境和健康方面的影响进行了大量的研究，结果差异非常大，甚至得出了完全相反的结论。这一方面由于试验设计上的差异，但是也说明转基因作物商业化对生态、环境和人类健康的高度不确定性，这是导致争议的主要原因。然而，尽管各国对于转基因作物商业化的态度不一，但都不约而同地在技术研发上加大了投入力度，并把转基因技术作为生物技术的重要组成部分上升到国家战略，目的是加强技术储备，抢占技术制高点。日本是对转基因商业化极度“谨慎”的国家，但是在研发投入上却毫不吝啬，尤其在基因克隆和功能基因研究等基础研究方面，已经拥有大量专利。

我国也高度重视转基因技术的发展，2006 年国务院发布的《国家中长期科学和技术发展纲要（2006—2020）》中，将转基因生物新品种培育列为重大专项，将生物技术列为前沿技术。2008年，国务院批准了转基因生物新品种培育重大科技专项，计划在未来15年内投入200多亿元用于发展转基因技术，“获得一批具有重要应用价值和自主知识产权的基因，培育一批抗病虫、抗逆、优质、高产、高效的重大转基因生物新品种，提高农业转基因生物研究和产业化整体水平，为中国农业可持续发展提供强有力的科技支撑”是实施转基因生物新品种培育重大科技专项的主要目标。这一目标可以概况为两个方面：一是形成具有自主知识产权的技术储备，二是服务于农业可持续发展。

2013年习近平总书记公开发表对转基因问题的看法，他说，“我强调两点：一是确保安全，二是要自主创新。也就是说，在研究上要大胆，在推广上要慎重。转基因农作物产业化、商业化推广，要严格按照国家制定的技术规程规范进行，稳打稳扎，确保不出闪失，涉及安全的因素都要考虑到。要大胆创新研究，占领转基因技术制高点，不能把转基因农产品市场都让外国大公司占领了。”这充分说明积极发展转基因技术、加大研发育种力度、增强自主知识产权储备、占领转基因技术制高点是党中央做出的重大战略决策。落实这一战略决策的关键是要确立符合我国国情的转基因技术发展方向和重点领域。转基因粮油作物育种是转基因生物新品种培育的重要组成部分，目前，我国在该领域已取得了一些突破性进展。但是由于起步较晚，与发达国家相比仍存在一定差距。在转基因技术领域，发达国家的跨国生物科技公司走在前列，它们通过申请专利在一些重要的标准技术和关键基因上形成了垄断，而目前世界上已大规模商业化的转基因品种的转化事件①也绝大多数被它们所掌握。约40%的转化事件正在全球申请同族专利保护，有22件已在我国申请，并且有6件已获得授权（刘丽军等，2010）。垄断了知识产权也就垄断了品种权，而种子是农业的命脉。因此，

① 转化事件是一种处于育种中间阶段的材料。在转基因育种研发过程中，涉及基因分离、基因克隆、载体构建、遗传转化、性状鉴定、株系筛选、品种培育等多个环节，其中，最关键的技术环节是把外源基因成功转入受体材料，通过组织培养转化体，最终筛选出结构完整、表达良好的株系，这个株系就是“转化事件”，它是转基因育种研究的核心技术成果

如何突破国外专利垄断，形成具有自主知识产权的技术储备、从而抢占技术制高点是我国发展转基因技术须要解决的问题。这就需要对国外转基因技术的研发进展及知识产权格局进行全面分析，研究国外的知识产权战略和保护策略，从而避开专利"陷阱"，明确我们的主攻方向和重点领域，只有这样才能真正形成具有自主知识产权的技术储备。

发展转基因技术的另一个目标是服务于我国农业可持续发展。作为一个发展中大国，我国必须独立发展生物技术研究体系，拥有自主创新的技术和品种。目前国外从事转基因技术研究的主导力量为跨国生物科技公司，他们主要依据是否具有商业价值来确定研发方向，考虑的是发达国家的农业特点和农民需求，未必符合我国农业生产规模小、分散经营的现实，更不会考虑我国的粮食安全和农民生计。因此，在转基因粮油作物育种上，我们不能盲目跟从国外的所谓"前沿"，而应当着眼于发展我们自己的前沿技术。凡是能够解决我国农业生产面临的现实问题和突破制约因素的技术对我们而言就是前沿。这就需要在全面分析我们农业生产和经济社会发展的现实需求的基础上应用科学的方法确定转基因粮油作物育种的主攻方向、重点领域和关键技术，有针对性、有计划地持续投入。

任何一项技术只有应用于生产，才能真正转化为现实生产力。是否在我国商业化种植转基因粮油作物仍然是一个处于激烈争论中的话题。转基因作物商业化是利大于弊还是弊大于利在目前的科学条件下很难有令人信服的定论：一方面，转基因作物对人类健康、环境、生态等方面的影响无法准确判断；另一方面，全球范围内转基因作物种植面积的迅速增加也体现了其较传统作物在生产上所具有的优势。所以，各国都面临着在风险与收益中做出抉择的问题。此外，从已商业化转基因作物的表现来看，同一转基因品种在不同国家商业化的经济收益及对相关主体的影响也差异较大，这也导致各国对转基因品种商业化的态度迥然不同。2009 年，我国对转植酸酶玉米和转基因抗虫水稻发放了安全证书，但在转基因作物尤其是转基因粮油作物的大规模商业化种植问题上仍持谨慎态度。无论将来我国是否会大规模商业化种植转基因粮油作物，从研究的角度对以下问题进行思考和探索都是必要和有价值的：转基因粮油作物商业化的经济收益有多大？

对相关产业和利益主体有什么影响？如果商业化种植我国相关产业会面临哪些经济风险？如何从前期的政策准备和商业化后的管理方面最大限度地规避一些风险？做出是否商业化某一转基因品种的判定依据是什么？这实际上也是我国发展转基因粮油作物所必须要思考的问题。因此。无论将来转基因粮油作物是否在我国商业化，都需要从我国国情出发，对转基因粮食品种商业化的选择策略进行前瞻性研究。一方面，可以作为研究储备；另一方面，在必要的时候可以为相关决策提供支持和参考依据，从而最大限度地趋利避害。然而目前国内学界对这一问题的关注较少，尤其缺乏针对特定转基因粮油品种商业化策略选择的研究。因此，对转基因粮油作物商业化的策略选择进行专门研究具有重要的现实意义和理论价值。

二、国内外研究现状

（一）国内已有研究

1. 转基因作物商业化的经济影响研究

国内最早对转基因作物的经济影响进行系统研究的是中国科学院农业政策研究中心（CCAP）以黄季焜为代表的学者，他们从2000年开始对转基因棉花和水稻的经济影响进行了深入而系统的研究。2000年苏军、黄季焜和乔方彬根据CCAP对转基因抗虫棉一年来的实地调查，对*Bt*棉花的投入成本和收益进行了简单分析，在具体计算时分美棉、国产单双价棉、常规棉花等品种进行了详细的成本收益比较。范存会在《*Bt*抗虫棉的种植对农药施用的影响》一文中利用最小二乘估计方法在考虑各种影响因素的情况下，推算了1997—2001年转基因抗虫棉的种植带来农药的节约量。此后，CCAP的学者又利用了GTAP模型研究了我国转基因作物*Bt*棉花和转基因水稻商业化对全球的贸易和经济影响、转基因作物研究的政策取向、转基因抗虫棉采纳的技术行为分析等（Huang et al.，2000；2002；2003；2004；2005）。黄季焜和胡瑞法（2007）利用对湖北、福建两省参加田间试验农户的调研数据，分析了转基因水稻对稻农的影响，估算了农药施用和产量模型，研究发现转基因水稻可节省农药施用量达到60%以上。黄季焜和林海等（2007）研究了推广转基因抗虫棉对次要害虫施用的影响，研究结果表明，近年来棉农用来控制次要害虫的农药施用量有所增加应引起有关部门的重视，但它的农药施用量远远小于采用转基因抗虫棉后整体减少施用的农药量；同时转基因抗虫棉不是导致次要害虫农药施用量增加的主要原因。范存会在其博士论文《我国采用 *Bt* 抗虫棉的经济和健康影响》中利用1999—2001年对 *Bt* 抗虫棉的调查数据，系统估计了转基因抗虫棉农药施用方程和棉花损失生产控制函数，分析了种子特征、农药价格、棉花病虫害发生程度、农户特征对农药施用的影响，分别计算了一般投入品和 *Bt* 棉花对棉花产量的影响。

张社梅（2007）在其博士论文《国产转基因棉花科研与应用的经济分析》对转基因棉花科研投资收益及推广机制进行了研究，应用计量模型对国产转基因棉花科研投资的经济收益、内部收益率进行了测算，并对单产、农药使用量、品种寿命期等影响收益的主要因素进行了敏感性分析。

孙炜琳（2009）对转基因抗虫玉米在我国商业化对种植农户和社会福利的影响进行了定量分析，并从知识产权风险、技术风险和市场风险角度分析了商业化种植抗虫玉米我国可能面临的风险及规避的对策。赵芝俊和孙炜琳（2010）应用计量模型对转基因抗虫玉米商业化种植的经济收益进行了预评价，并探讨了增加的经济收益在生产者和消费者之间的配置。

2. 转基因技术知识产权问题研究

国内对转基因技术知识产权问题的研究起步比较晚，早期的一些研究着眼于从法律的角度出发，通过介绍国外有关知识产权立法的经验，强调我国生物技术知识产权保护的重要性和紧迫性；对我国新的《专利法》中涉及生物技术部分进行解释和讨论，并与国外或国际有关规则进行对比，指出不足之处，提出了相应的对策和建议等（王志本，1998；刘银良，2000；郝晓锋，1996）。随着转基因技术的发展和对其争议的加大，国内对转基因技术知识产权问题也逐渐关注起来，这些研究可以划分为两大类：一是从法律研究的学者从完善相关法律和制度的角度，对专利法、植物新品种保护制度如何与转基因技术的发展相调适、生物多样性的法律问题、遗传资源产权保护的问题等进行了研究，提出了许多有建设性的观点（乔生，2005；刘银良，2006；史学瀛，2007；刘志民，2009）。二是从事经济学研究的学者从管理和政策的角度就此问题开展的研究，包括对转基因技术及品种知识产权特性的分析、对某一转基因品种知识产权构成的分析、对国内外某一转基因技术或品种知识产权格局的分析、对国外知识产权战略和保护策略的分析等（詹映等，2003；赵芝俊等，2004；王宇红，2008；刘丽军等，2010；刘旭霞，2011）。

3. 我国转基因技术的发展问题研究

关于我国转基因技术将来如何发展的问题，国内开展的相关研究较少。陈健鹏（2010）构建了转基因作物商业化整体战略研究的框架，在分析了生物技术对粮食安全的影响、生物技术发展态势、转基因作物商业化对我国的挑战等问题之后，认为我国主要粮食作物转基因品种的应用应当坚持预防原则和自主创新的道路。孙炜琳（2011）通过对转基因抗虫玉米商业化影响的研究，提出了我国抗虫玉米商业化种植的前提条件和规避风险的政策准备。

从上述文献分析来看，未见国内有学者对转基因粮油作物育种的主攻方向、重点领域进行系统研究的报道；对转基因粮油作物商业化策略的研究报道也较少，已有的研究也是从定性方面进行了规范性的论述和辨析，缺乏定量的精准的研究。

（二）国外研究现状

1. 转基因作物商业化的经济影响研究

在转基因作物仍然处于研发阶段时，就有学者对其商业化的潜在影响进行了研究，1986 年，W. Burt Sundquist 分析了生物技术出现对美国农业投入品产业、农户生产、食品加工产业的经济影响，此后，越来越多的学者加入了研究转基因作物商业化影响的队伍中来。

从已有文献来看，研究的品种主要涉及转基因抗虫棉花、*Bt* 玉米、耐除草剂玉米、耐除草剂大豆、转基因水稻、耐除草剂油菜等。研究的对象国家包括美国、西班牙、中国、印度、罗马尼亚、欧盟 8 国、巴西、阿根廷、墨西哥、南非、澳大利亚等国家。其中大多数的研究是一种事后评价（即对已商业化转基因作物的影响进行研究）；进行事先研究（对没有商业化的转基因作物的影响进行研究）的文献较少。

（1）从研究内容来看，已有的研究基本上可以分为三大类：①对特定转基因产品对某一国家或地区的经济社会影响进行研究；②对某几类转基因产品的组合对某一国家或地区的经济社会影响进行研究；③对某几类转基因产品的组合对几个国家或地区的经济社会影响进行研究。

（2）从研究层面来看：①研究转基因作物商业化对农户层面的微观影响，包括：a. 转基因作物与传统品种对比的成本收益；b. 影响转基因作物收益率的主要因素；c. 种植转基因作物农户的收益情况。②研究转基因作物商业化的宏观经济影响，包括：a. 转基因作物商业化引起的社会福利变化及其在不同利益主体之间的分配；b. 转基因作物对相关产业的影响，包括农业投入品产业、农产品加工产业和以农产品为原料工业；c. 转基因作物对特定国家或地区的贸易影响。③转基因作物商业化的其他影响主要包括转基因作物种植的环境风险和健康风险等。用经济学手段定量衡量转基因作物种植的风险与收益，为决策者提供依据。比较有代表性的是 Matty Demont（2006）应用不确定性决策分析方法提出了一个理论模型，通过比较可逆的私人部门、公共部门的成本收益与不可逆的私人部门、公共部门的成本收益，从经济学角度研究转基因作物的风险成本与收益。

（3）从研究方法来看：①对农户层面影响的研究主要运用两种方法：一是简单的统计分析方法，对转基因作物与传统作物的成本收益进行比较，确定农户种植转基因作物的收益增加。二是计量经济学方法——生产函数模型，生产函数模型一般被用于确定转基因作物对种植农户的收益影响，即确定转基因作物种植收益和可变成本之间的差额。种植收益与转基因作物的产量有关，可变成本与种子成本、技术费、杀虫剂、除草剂成本、肥料、机械成本和劳动力成本有关。目前应用比较多的是损害控制生产函数（Damage-controll Production Function），用以分析具有抗虫性状的转基因作物对种植农户的影响。②对社会福利影响分析主要是两大类方法：一是基于生产者剩余、消费者剩余等经济学理论的经济剩余分析法，又叫局部均衡分析；另一种是一般均衡分析，目前应用比较广泛是可计算的一般均衡模型（CGE），全球贸易分析模型（GTAP）是CGE模型的一种，在研究转基因作物化的社会福利影响方面应用较多。当技术（或者品种）涉及一个或者几个市场时，常会用到局部均衡分析；如果要研究整个市场或者多个国家时，多采用一般均衡分析。

2. 转基因技术知识产权问题研究

目前国外学者对转基因技术知识产权问题的研究多是从知识产权经济学的角度，探讨知识产权保护对技术创新激励作用的大小，合理的保护期和保护范围是多大，如何利用知识产权制度调整农业研发的投资结构和农业产业结构，如何发挥对研究的激励作用等（Langford，1997；Fulton，1997）。

三、研究内容

考察世界已商业化的转基因粮油作物的基本情况，立足于增强自主知识产权储备，促进农业可持续发展，针对我国农业生产和粮食安全的现实需求，结合世界转基因技术的发展趋势，从加强储备、规避风险、提升产业竞争力的角度，研究提出我国转基因技术的发展策略，包括研发策略（未来转基因技术的发展方向和重点领域）、知识产权保护策略和商业化的选择策略。一方面，为我国发展转基因技术提供研究支持和决策参考；另一方面，对相关领域的研究有所贡献。主要研究内容分为四大部分。

第一部分：我国粮油作物发展现状及发展转基因粮油作物育种的重要性。该部分包括第二章和第三章。第二章对我国粮油作物的供给、需求、进出口发展历程及趋势进行了描述性统计分析，研究了我国粮油作物生产面临的技术制约。第三章分析我国为什么要加快转基因粮油作物研发，即研发的重要性和意义。

第二部分：世界转基因粮油作物研发及商业化状况。该部分包括第四章、第五章。第四章对世界和我国转基因粮油作物的研发现状及商业化发展历程进行了分析。第五章对美国、欧盟和日本转基因作物育种的发展模式进行了比较分析。

第三部分：已商业化转基因作物的效益和风险分析。该部分包括第六章、第七章。第六章利用文献资料对世界上已实现商业化的转基因作物的经济效益、社会效益和生态效益进行了分析。第七章则探讨了转基因作物商业化可能带来的风险，包括生态安全、食品安全、知识产权、技术和市场等五个方面。

第四部分：我国转基因技术的发展策略与政策建议。该部分包括第八章、第九章。第八章在前述研究的基础上，提出了我国转基因育种的研发方向及重点领域、发展转基因技术的思路和策略。第九章为研究结论与政策建议。

四、创新和不足

（一）研究的创新之处

（1）转基因商业化是社会和科研的热点，然而，目前国内在这一问题上缺乏有针对性的研究。本研究分析世界转基因技术商业化的情况和趋势，分析转基因技术商业化的推广效果（效益分析）和潜在风险，结合我国的实际情况确立我国转基因技术的发展方向和重点领域。开展的相关研究具有创新性。

（2）在是否商业化转基因粮油品种的问题上，国内的争论一直比较激烈，争议的焦点在于对商业化所带来的收益及其潜在风险的不同判断。事实上，无论未来转基因粮油作物是否在我国商业化，我们都要对商业化的选择策略进行前瞻性的研究。而国内对于转基因粮油作物商业化的选择策略未见有系统的研究论述。因此，在该问题的研究上具有创新性。

（二）研究的不足

（1）缺乏公开发行的转基因商业化的相关数据，缺乏定量分析转基因粮油作物商业化的经济影响，描述性分析不够全面和深入。

（2）转基因粮油作物商业化种植，由于涉及生态、健康、伦理道德、经济利益和国家战略，“利大于弊”还是“弊大于利”一直存在较大争议，而且还涉及国家、企业和种植农户等各方利益，受资料的限制，本书主要从转基因粮油作物育种研发技术发展战略进行分析，研究不够深入，不免带有一定的片面性。

第二章　我国粮油供需现状及面临的挑战

一、我国粮油作物生产现状

（一）粮油作物总产量呈波动上升趋势

1978 年，我国的粮食产量为 30 476. 5 万吨，1996 年我国粮食产量首次突破 50 000 万吨。2000—2003 年，粮食产量由 46 217. 5 万吨下降到 43 069. 5 万吨，三年减少了 3 148 万吨，年均减少 2. 3%，出现严重滑坡，2003 年，我国粮食产量跌到近十五年以来的最低点。从 2004 年开始，我国粮食产量达到 46 946. 95 万吨，呈现恢复性连续增长，截至 2015 年，我国粮食产量到达了 62 143. 92 万吨，同比增长 2. 39%，再创历史新高，粮食产量实现“十二连增”。预计未来在耕地、淡水等资源环境的约束下，我国粮食产量将保持平稳态势（图 2-1）。

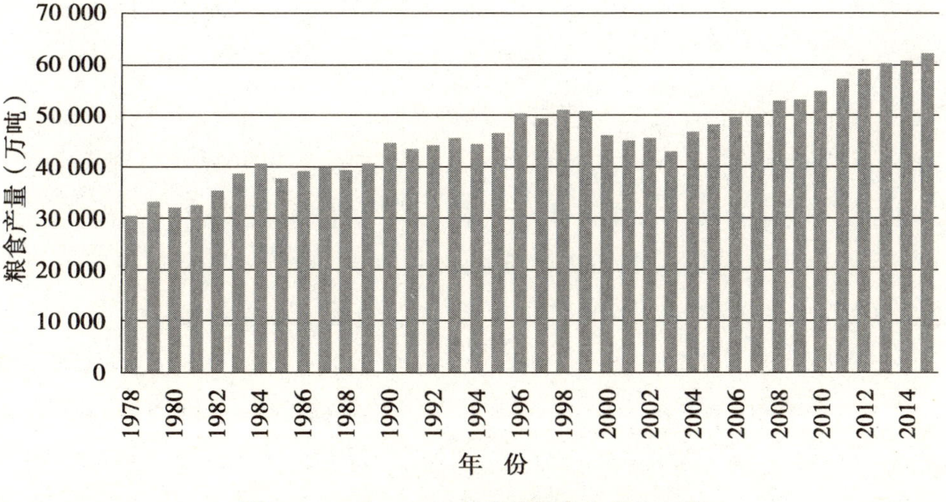

图 2-1　1978—2015 年我国粮食生产总产量

数据来源：《中国统计年鉴（2016）》

（二）粮食产量增长主要来源于单产的贡献

截至2015年，中国粮食产量已经实现了“十二连增”，其中，粮食单产提高和面积增加对总产量增长的贡献分别为62.3%和37.7%。在有限的水土资源约束背景下，粮食产量持续增产的基础还不牢固，我国粮食生产仍然存在许多压力。影响粮食总产量的主要因素包含多个层次，一般归纳为自然、科技、政策与经济等方面，而这些层次的因素主要通过影响耕地面积、粮食单产、种植结构来间接影响粮食产量（陈飞等，2010；韦鸿等，2011；刘玉等，2014；周志刚等，2015）。由于耕地资源和水资源的稀缺性及种植结构调整周期漫长，依靠增加耕地面积提高粮食产量的难度相对较大，而提高粮食单产更能提升粮食增产潜力（朱晶等，2013；高云等，2013）。大量研究也表明，作物单产水平的提高对中国粮食增产的贡献率最大，因此，提高粮食单产成为保证我国粮食产量的重要因素。

（三）我国粮油作物单产提高的空间仍然较大

2004年以来我国粮油作物的单产保持平稳增长，且基本居于世界平均水平，但我国粮油作物单产与发达国家相比，仍然存在较大的差距。从图2-2可知，自1990年至2014年，我国部分油料作物的单产水平呈现整体上升的趋势。水稻的单产水平在6种代表性粮油作物中最高，且自1990年单产达5.72吨/公顷后一直处于较稳定的增长状态，并于2014年达到最高点，单产水平为6.81吨/公顷。玉米的单产水平在1997年和2007年分别出现了较大幅度的下降，其他年份则处于较平稳的增长状态，1996年5.2吨/公顷，1997年降为4.39吨/公顷，2006年5.62吨/公顷，2007年降为5.17吨/公顷，近年来我国玉米的单产水平平均约为5.9吨/公顷。小麦的单产水平整体也处于上升的状态，且1990年至2014年的增幅较其他粮油作物大，其增幅约为64.16%，1990年单产为3.19吨/公顷，在2014年小麦单产水平达到最高为5.24吨/公顷。花生和油菜籽单产水平总体为增长的变化趋势，但是有少数年份也出现了小幅度的下降，自2004年起二者均处于平稳上升的状态，2014年花生和油菜籽的单产分别为3.58吨/公顷和1.95吨/公顷。我国大豆的单产水平较低，1990—2014 年间，其显示出波动的变化状态，自 2008 年起又处于平稳的状态，平均单产水平约为 1.75 吨/公顷。

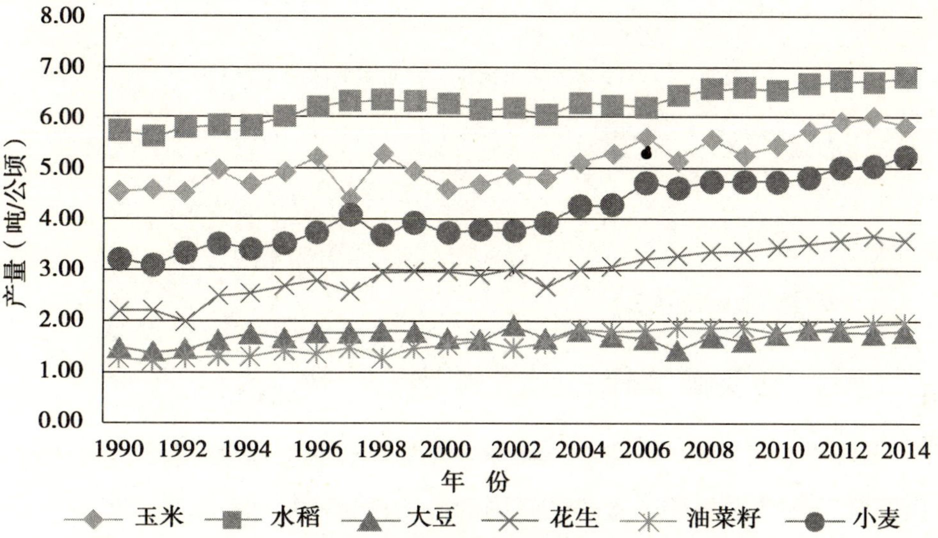

图 2-2　1990—2014 年我国油料作物单产水平变化

数据来源：FAO 数据库

以 2011 年粮油作物的单产为例（表 2-1）。我国水稻、小麦和花生的单产要高于世界的平均水平，玉米的单产略高于世界的平均水平，然而，大豆和油菜籽的单产水平却低于世界的平均水平，尤其是大豆的单产，只有世界平均水平的 89.4%。与发达国家粮油作物的单产相比，除了水稻、花生的单产领先于某些发达国家，其他主要粮油作物的单产均比发达国家的水平低。

表 2-1　2011 年中国与美国、欧盟粮油作物单产对比（单位：吨/公顷）

国家（地区）	玉米	小麦	水稻	花生	大豆	油菜籽
美国	9.236	2.942	7.921	3.795	2.820	1.654
欧盟	7.597	5.259	6.480	0.820	2.768	2.849
中国	5.748	4.837	6.686	3.500	1.836	1.827

数据来源：FAO 数据库

2014 年数据显示（表 2-2），我国玉米、大豆的平均单产分别仅为美国的77.9%、61.4%，而油菜籽的单产仅为欧盟国家的49%，且较2011年相比，我国小麦单产下降为欧盟国家的85.7%。总体来看，我国粮油作物的单产与发达国家差距较大，这也说明我国粮油作物单产提高的空间较大。

表 2-2　2014 年中国与美国、欧盟粮油作物单产对比（单位：吨/公顷）

国家（地区）	玉米	小麦	水稻	花生	大豆	油菜籽
美国	10.733	2.938	8.492	4.397	3.198	1.809
欧盟	8.095	5.893	8.299	1.175	3.231	3.617
中国	5.809	5.243	6.811	3.578	1.787	2.070

数据来源：FAO 数据库

（四）主要粮油作物产量增长不平衡

图2-3表示了1996—2015年我国主要粮油作物的产量变化趋势。2004年以后，我国粮食总量持续增长，不同的粮油作物产量增长情况有所不同，其中增幅最大的为玉米产量，增幅约为72.41%，玉米产量于2012年首次超过稻谷产量，从而成为产量最高的农作物，2015年达到最高产量为22 463.16万吨。自2004年起，稻谷、小麦、油料作物的产量则处于缓慢且平稳的增长状态，并于2015年达到了最高点，三者的产量分别为20 822.52万吨、

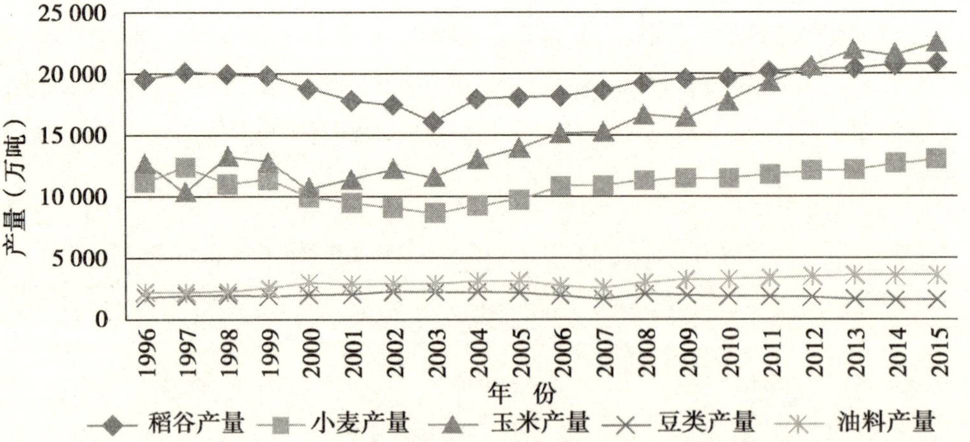

图 2-3　1996—2015 年我国主要粮油作物产量

数据来源：《中国统计年鉴（2016）》

13 018.52 万吨、3 536.98 万吨。而我国的豆类产量 2004 年以后，不但没有增长，反而呈现平稳下降趋势，2015 年我国豆类产量只有 1 589.8 万吨。

二、粮油作物国内市场需求

（一）粮食消费需求总量保持刚性增长

尽管我国人口增长速度有所下降，但人口数量仍然逐年增加。并且由于我国人口基数大，人口增加的数量也是一个庞大的数字。粮食是人类维持生存的必需品。因此，人口的增加导致我国粮食需求总量保持刚性增长。1997—2005 年，我国粮食需求逐年增长，从 4.64 亿吨增长到 4.94 亿吨，尽管年际增幅不一样，但总体保持平稳增长，年均增长 0.9 个百分点。2015 年，我国粮食消费量约为 6.62 亿吨，产需总量基本平衡。

部分研究利用 BP 神经网络预测显示，“十三五”时期我国粮食消费需求量将平稳增长，口粮消费保持基本稳定，饲料用粮和工业用粮持续增加。稻谷和小麦的需求保持稳定，玉米、大豆和杂粮的需求呈现规模和比重双增的态势，饲料粮将会继续成为我国粮食需求增长的主体，工业用粮的需求仍将迅速扩张。由表 2-3 预测表明，到 2020 年，我国粮食需求总量将达到 73 411 万吨（国家统计局重庆调查总队课题组，2015）。

表 2-3　2017—2020 年粮食消费量预测　（单位：万吨）

年份	2017	2018	2019	2020
粮食	71 006	71 877	72 678	73 411

（二）口粮需求比例下降，饲料用粮和工业用粮增长迅速

从需求结构看，随着国内人口的增长，饮食结构的变化，农产品加工、能源产业的发展，我国包括口粮消费、饲料消费、工业消费在内的粮食需求持续增长。城乡居民在生活不断提高的过程中，更加关注粮食消费的营养和保健功能，口粮需求日趋求精，对粮食的营养化、健康化、多样化要

求更高，同时，对肉、蛋、奶等农产品消费的增长将更多的替代口粮消费。进一步降低了口粮消费的比例。但是口粮需求仍然占我国粮食需求的大部分，是粮食需求的第一用途。

粮食需求稳定增长的来源主要是来源于饲料用粮和工业用粮的增加。其中，工业用粮增长速度最快，主要是由于石油价格居高不下，导致玉米、油菜籽、大豆等粮油作物转而生产生物燃料。其次是饲料用粮，并且饲料用粮是我国粮食需求的第二大用途。饲料用粮的增加主要是由于人们对肉类食物的需求增加，而获取 1 000 克猪肉需要喂食 3 000 克粮食。肉类需求对口粮需求的替代，不但没有减少我国对粮食的需求，反而通过饲料用粮的形式，使得我国粮食需求成倍增加。1980—2015 年，我国饲料生产总量由 110 万吨增加到了 20 009 万吨，平均增幅为 5. 03%。2014 年，饲料工业产量达到 19 700 万吨，占全球商品饲料总产量的 20. 1%，是世界最大的饲料生产国，而到 2015 年，我国饲料总产量继续增加为 20 009 万吨（图 2-4）。

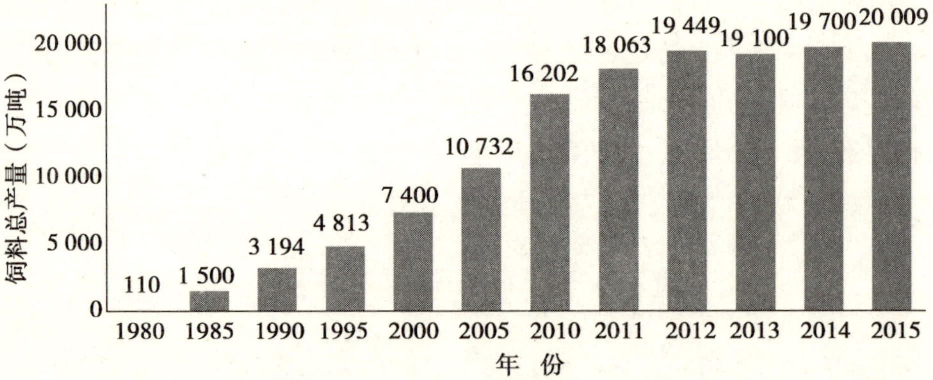

图 2-4　1980—2015 年我国饲料总产量

数据来源：《2016 中国饲料年鉴》

三大类消费中，工业用粮和饲料用粮增长较快，近几年增速保持在 6. 0%、1. 5%；而口粮需求增速缓慢，同比保持在 0. 7%。从消费结构占比看，2012 年口粮消费、饲料消费、工业消费占比分别为 50. 5%、29. 3%、20. 2%，到 2016 年三个比例有所变动，分别为 47. 8%、28. 6%、23. 6%

（图 2-5）。

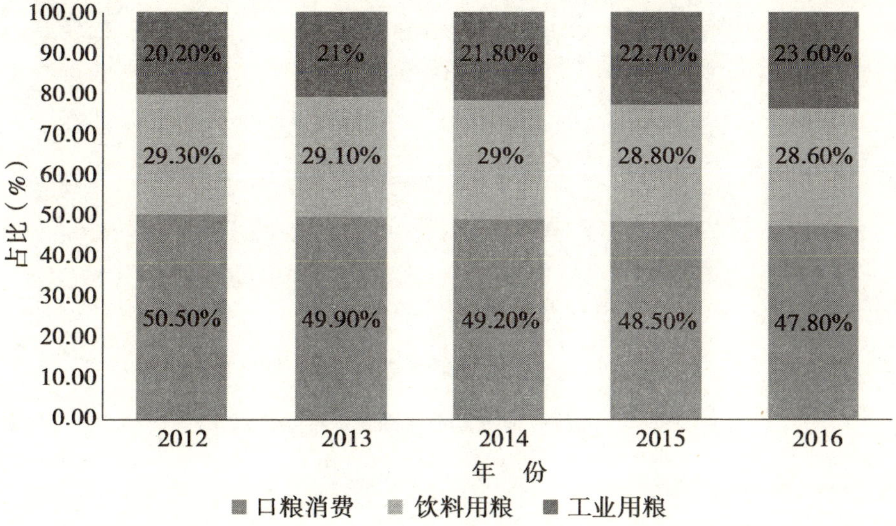

图 2-5　2012—2016 年我国粮食用途消费占比情况

数据来源：中国产业信息网

（三）水稻、小麦消费需求呈下降趋势，玉米、大豆消费需求快速增长

水稻、小麦主要是用于口粮，也是我国居民口粮消费的最主要的组成部分。随着经济发展和人们生活水平的提高，人们对水稻和小麦的需求主要向精细化、专业化、品牌化方向发展。蔬菜、肉类、水果的替代作用进一步增强，作为口粮需求的水稻和小麦的比例有所下降，其中小麦消费所占比例从 2011 年的 26%下降为 2015 年的 22. 8%。

尽管玉米在我国口粮消费的比重较小，但玉米在我国饲料需求和工业需求所占的比例非常大。随着对动物性食物的需求和工业需求的拉动，玉米消费需求快速增长，其比例从 2011 年的 35. 4%增长到 2015 年的 38%（图 2-6）。而豆油作为生活必需品，国内消费量刚性增长，并且饲料业对豆粕的强烈需求，导致大豆需求也迅速增长。

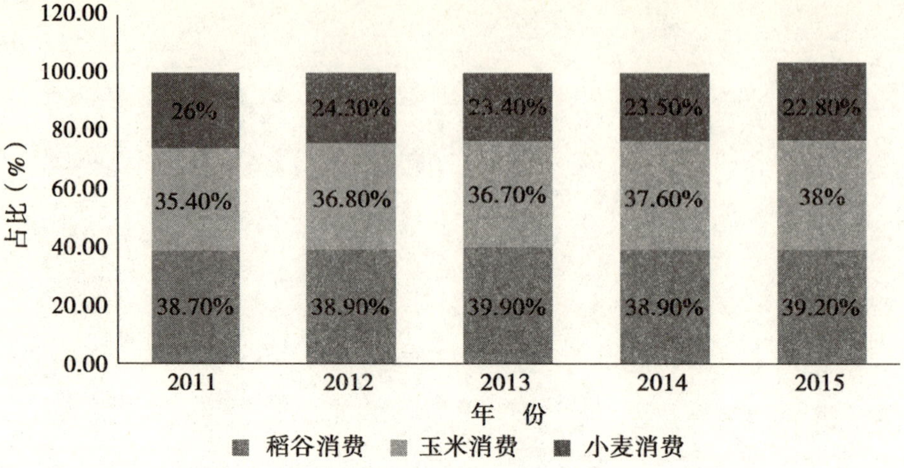

图 2-6　2011—2015 年三大粮食消费结构占比

数据来源：中国产业信息网

三、我国粮油作物的进出口

（一）从粮食净出口国转变成粮食净进口国

1992 年，我国粮食进口量为 1 182.1 万吨，出口达到了 1 390.8 万吨，粮食净出口达到了 208.7 万吨。由表 2-4 可知，20 世纪 90 年代，大部分年份我国粮食处于贸易顺差，不仅解决了本国的粮食供给问题，还为世界供应粮食。但进入 21 世纪后，我国粮食对外贸易出现了贸易逆差，且贸易逆差出现逐年增加的趋势，截至 2015 年，我国粮食贸易逆差高达 12 314 万吨，由最初的粮食净出口国，变成了现在的粮食净进口大国。其中，谷物从 2009 年开始处于连续贸易逆差状态，到 2015 年，贸易逆差达到 3 222.6 万吨；食用植物油、豆油、菜籽油则处于持续的贸易逆差状态。

表 2-4　1992—2015 年全国部分粮油净出口情况表　（单位：万吨）

年份	粮食	谷物	食用植物油	豆油	菜籽油
1992	208.7	41.9	−31.2	−17.9	−13.6
1993	135.2	0.6	−10.4	−6.1	−9.2

（续表）

年份	粮食	谷物	食用植物油	豆油	菜籽油
1994	381.2	174.3	-134.1	-99.0	-36.8
1995	-1 920.3	-1 992.5	-188.3	-141.6	-46.0
1996	-970.7	-1 010.5	-131.9	-116.8	-14.2
1997	139.7	378.1	-88.1	-66.9	-21.0
1998	197.0	478.3	-85.7	-64.6	-21.2
1999	31.5	387.4	-79.5	-75.1	-4.3
2000	61.7	1 047.0	-30.4	-27.1	-2.1
2001	-959.2	531.3	-135.7	-1.0	0.5
2002	14.5	1 197.3	-256.6	-82.3	-6.0
2003	-171.2	1 986.7	-435.2	-187.3	-14.7
2004	-2 731.1	-501.1	-522.6	-249.7	-34.8
2005	-2 464.7	386.6	-449.4	-163.1	-15.7
2006	-2 939.4	247.0	-541.4	-142.5	10.1
2007	-2 561.5	831.2	-750.9	-275.7	-35.3
2008	-3 751.7	27.2	-728.0	-245.2	-26.3
2009	-4 894.8	-183.3	-804.8	-232.2	-45.9
2010	-6 420.3	-450.8	-678.0	-128.2	-98.1
2011	-6 102.5	-428.2	-644.6	-109.2	-54.8
2012	-7 748.0	-1 302.2	-835.1	-176.1	-116.9
2013	-8 402.1	-1 363.4	-798.3	-106.8	-152.1
2014	-9 831.0	-1 880.1	-636.8	-103.5	-80.3
2015	-12 314.0	-3 222.6	-663.0	-71.4	-81.0

（二）水稻、玉米近年来出现贸易逆差，小麦常年处于贸易逆差

水稻、玉米、小麦是我国的三大粮食作物。2015 年，水稻、玉米、小麦的产量占粮食总产量的比例分别为 33.51%、36.15%和 20.95%，三者占粮食产量的 90.6%。2010 年以前水稻和玉米一直是我国粮食的主要出口作物，玉米的最高净出口量达到了 1 640 万吨，但从 2010 年开始我国玉米出现连续的贸易逆差，2015 年达到最高点的 471.9 万吨，而从 2011 年开始水稻也出现了连续的贸易逆差。且逆差值逐年增大，2015 年为 309 万吨。小麦则几乎常年处于贸易逆差，且贸易逆差量变动较大（表 2-5）。

表 2-5　1992—2015 年我国水稻、小麦、玉米净出口情况表（单位：万吨）

年份	水稻	小麦	玉米
1992	84.9	-1 057.8	1 034.0
1993	0.1	-0.6	1.1
1994	100.5	-719.2	873.9
1995	-159.5	-1 157.0	-506.8
1996	-49.6	-824.6	-28.5
1997	61.3	-186.0	661.7
1998	349.3	-148.3	443.5
1999	254.0	-44.7	423.5
2000	270.9	-72.2	1 029.1
2001	159.0	-2.6	596.1
2002	174.6	34.5	1 166.7
2003	234.8	206.7	1 640.0
2004	14.2	-616.9	232.2
2005	16.0	-293.4	863.8
2006	52.1	89.7	303.4
2007	85.6	297.2	488.6
2008	64.2	26.7	22.3
2009	42.3	-65.9	4.6
2010	23.4	-95.4	-144.6
2011	-8.2	-93.0	-161.8
2012	-209.0	-341.6	-495.1
2013	-179.3	-525.7	-318.8
2014	-216.0	-281.4	-257.9
2015	-309.0	-288.4	-471.9

（三）大豆常年保持贸易逆差，且贸易逆差逐年增加

从 1997 年开始，我国就成为世界大豆第一进口大国，并且我国大豆的进口量仍然保持强劲的增长趋势。1997 年，我国大豆的进口量仅占世界大豆进口量的 14.4%，2000 年，该比例达到了 26.2%。截至 2015 年，我国大豆进口量为 8 169.19 万吨，占全球大豆进口总量的 64%，成为世界第一大豆进口国。

我国大豆常年保持贸易逆差，且贸易逆差逐年增加（图 2-7）。1997

年，我国大豆的贸易逆差为 269 万吨，到 2000 年我国大豆的贸易逆差达到了 1 020. 6 万吨，并且呈现逐年增长的趋势，到 2015 年达到贸易逆差最大值，高达 8 155. 83 万吨。大豆不仅是我国进口量最大的粮油作物，而且也是我国粮食贸易逆差的主要来源之一。

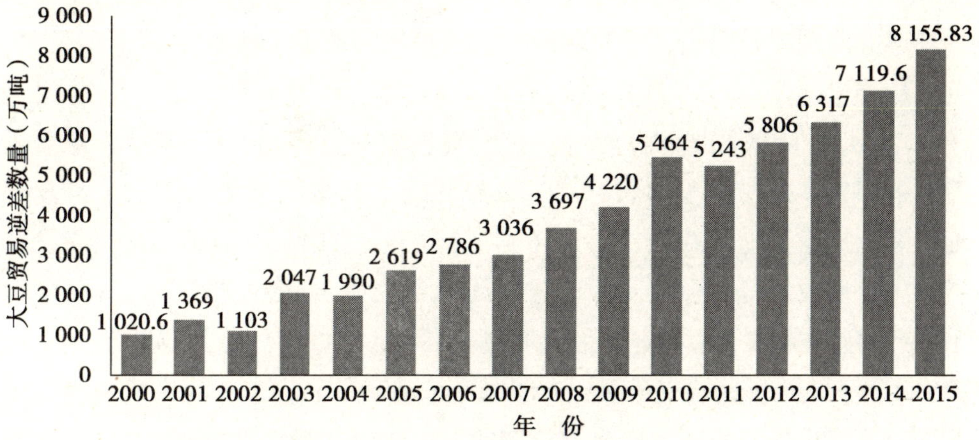

图 2-7　2001—2015 年我国大豆贸易逆差

数据来源：《中国统计年鉴（2016）》

四、我国粮油生产面临的制约因素及技术需求

（一）耕地面积有限且质量下降

耕地是提高粮油综合生产能力的首要条件。随着工业化、城镇化的推进，18 亿亩耕地红线受到越来越大的威胁，耕地对粮油生产的约束越来越突出，统筹粮油作物及经济作物发展的压力越来越大，粮油作物扩大面积的空间越来越小。我国耕地的总体质量不好，全国大于陡坡的耕地有近 600 万公顷，中低产田占耕地面积的 79%，东北地区黑土层变薄；南方红黄壤酸化加速；耕地污染接近 1/5，还有相当数量耕地受到中重度污染不宜耕种（环保部：5 000 万亩。注：15 亩为 1 公顷，全书同），更有许多耕地面临严重的水土流失、沙漠化、盐碱化、风蚀、海蚀，土地的可持续生产能力受

到严重影响，对我国的粮食生产构成一定的威胁。

从数量上看，我国人均耕地面积是世界平均水平的1/3，1996年我国耕地面积为19.5亿亩，到2011年我国耕地面积减少到18.26亿亩，耕地净减少1.25亿亩，大都是城市周边的近地、好地。实行占补平衡后，耕地绝对数量下降势头得到一定遏制，但占近地补远地、占好地补劣地、占水地补旱地的问题比较突出，补充耕地与被占耕地的质量一般差2~3个等级。

从质量上看。66.5%的耕地集中于西北干旱半干旱地区，旱地比重60%，缓坡、陡坡耕地约占40%（部分陡坡需要退耕）。近年来，耕地质量持续下降，多数耕地不施农家肥、只施化肥，有机质含量下降较快，东北地区黑土耕作层变浅变硬，耕地污染形势严峻。2014年年底，农业部发布了全国耕地质量等级公报，质量较好的耕地占总面积的27.3%。目前全国中低产田约占2/3，大量还是靠天吃饭。耕地“重用轻养”、退化问题也比较突出，1/3的耕地缺有机质，70%以上的耕地缺磷，20%的耕地缺钾，黑龙江土壤有机质已由新中国成立初期的7%~11%下降到目前的3%，东北黑土层已由初期的80~100厘米下降到20~30厘米。2014年环境保护部和国土资源部联合发布全国土壤污染状况调查公报显示，全国土壤环境状况总体不容乐观，耕地土壤环境质量堪忧，土壤总的点位超标率为16.1%，耕地污染接近五分之一，耕地土壤点位超标率19.4%。

（二）农业水资源短缺且水质恶化

我国是一个季风显著、大陆性气候典型的国家，降水的地区差异和年变化率很大，大部分地区非常干旱，我国淡水资源总量不足、时空分布不均、利用率不高，成为粮油稳定发展的“短板”，一直制约和困扰着粮油生产发展。目前，我国人均水资源占有量为2 100立方米，仅为世界人均数量的1/4，全国常年缺水300亿立方米，遭受干旱威胁的耕地面积在2亿~3亿亩。我国水资源分布也不平衡，资源区域分布不协调，东部气候湿润、水源充足、地势平坦、开发条件优越，土地面积只占全国的47.6%，却拥有全国90%的耕地；西部干旱、半干旱或高寒区土地面积占全国的52.4%，但耕地只占全国的10%。从水土资源匹配看，有水无土、有土无水问题突出，南方水资源占全国总量的4/5，但耕地不到全国的2/5；北方粮食主产区严重缺水，缺水面积高达58万平方千米，水资源占全国总量的1/5，但耕地资源占全国的3/5。

我国灌溉面积已经达到0.5亿公顷以上，约占全国耕地面积的40%，居世界首位，但单位耕地面积的水资源量仅为世界平均水平的67%，单位灌溉面积的水资源量仅为世界水平的19%。农田用水效率较低，有效利用率只有53%，大水漫灌、超量灌溉等现象比较普遍，灌溉水有效利用系数比发达国家平均水平低0.2。大部分地区应对干旱缺水的主要措施还是打井，东北、西北地区过度开采地下水较为普遍，地下水超采问题较为严重，华北地区地下水漏斗区面积还在持续扩大，华北、东北西部等地区由于地下水超采，井越打越深，水越出越少。另外，工业用水和生活用水的需求量急剧增加，工业和农业争水之战越来越激烈。

我国水资源的污染程度较为严重。工厂未经处理的废水直接排放江河，导致江河污染，减少了农业可用水源。2012年我国农业水功能区水质达标率仅30.5%，造成了大量农业用水水质型缺水的问题。我国在废污水处理回用方面也处于较低水平，每年约有1/3的工业废水和2/3的生活污水未经处理直接排入水体中，水质恶化的趋势尚未得到有效控制。农业生产中化肥和农药大量使用，污染长期累积，使水环境日趋恶化。珠江三角洲、长江三角洲等水资源相对丰富的地区，也出现了因水体污染而导致的水质型缺水。同时，地下水水质恶化，平原区约有54%的地下水不符合生活用水水质标准。在部分流域和地区，水污染已呈现出从支流向干流延伸、从城市向农村蔓延、从地表向地下渗透、从陆域向海域发展的趋势。水污染进一步加剧了水资源的短缺。

（三）生态环境脆弱，农业生物多样性面临威胁

随着国民经济迅速发展，我国农业资源经历了一次高强度、粗放式、掠夺式的开发，水体污染、荒漠化、酸雨、生物种类减少等问题交叉出现，土地沙化和碱化还在加重，农业生态系统结构失衡、功能退化，生态环境受到严重的破坏。我国水土流失面积达295万平方千米，年均土壤侵蚀量

45亿吨。我国是世界受沙漠化危害最严重的国家之一，北方干旱和半干旱地区的沙漠化土地还在不断扩大，沙化土地面积达173万平方千米。全国草原生态总体恶化局面尚未根本扭转，已恢复的草原生态仍很脆弱，农牧交错带已垦弃耕草原水土流失和风沙侵蚀现象频发，90%的天然草原出现不同程度沙化退化。我国现有的盐碱化和次生盐碱化土地5.1亿亩，盐碱化已经延伸到17个省区，其中仅有新疆维吾尔自治区（以下简称新疆）、宁夏回族自治区（以下简称宁夏）、甘肃和山西就有盐碱地2亿亩。生物多样性受到严重威胁，水生动物与农业野生植物生存条件恶化，衰退速度加快，珍稀物种濒危程度加剧。农业野生植物资源濒危，使许多有重要科学研究或经济价值的植物遭到严重的破坏，数量急剧减少，一些作物野生近缘植物资源和珍稀物种急剧减少甚至消失，破坏了生物的多样性，阻碍了农业的可持续发展。有关研究表明，农作物野生近缘植物正以惊人的速度递减。如中国台湾地区桃源县的野生稻早在20世纪70年代就已消失。江西省东乡县的野生稻在1978年发现时有9处，现仅剩2处。在广东和海南，以前有1 182个野生稻分布点，几乎各县乡均有。近年在15个县市考察，曾经记载的17个分布点消失了13个。1979年，广西贵港市普通野生稻面积达419.4亩，目前已基本消失。山东垦利县黄河入海口原有数万亩野生大豆，目前只有零星分布。近期在广西玉林市福绵管理区石山塘发现连片生长的野生稻约240亩，在全国极为罕见。令人遗憾的是，这块野生稻原生地上游已被开垦成鱼塘，附近造纸厂排污、垃圾堆放，正严重威胁其生存。外来物种入侵的严峻形势，我国的外来入侵物种繁多，初步统计表明入侵我国的外来生物已达529种，其中植物270种、动物198种、微生物61种。大面积发生、危害严重的达120多种。在国际自然保护联盟（IUCN）公布的全球100种最具威胁的外来生物中，我国有51种。分布范围广，全国34个省（区、市）均有入侵生物发生和危害，涉及农田、森林、水域、湿地、草地、岛屿、城市居民区等几乎所有的生态系统，其中农业生态系统最为严重，入侵物种空心莲子草已广泛分布于我国21个省市农田、湿地。

（四）自然灾害频繁发生

近年来，我国自然灾害频繁发生。在我国，自然灾害集中表现为干旱、洪涝和病虫害 3 个方面。我国东西、南北间，一年四季几乎总有灾害发生。春季北方有“十年九旱”之称，江南多低温连阴雨。春夏之交北方常有干热风，南方多冰雹、雷雨、大风和局部暴雨。夏秋是我国灾害最多的季节，自南而北先后多暴雨、洪灾害发生，盛夏多伏旱，夏秋之交沿海多台风、风暴潮。秋季在东北地区常有早霜袭击，长江中下游有“寒霜风”危害。冬季全国各地都有寒潮、霜冻威胁。洪涝和干旱是对农业危害最大的两种自然灾害，其出现的时间和地区都比较集中，危害程度很大。南方一般发生在 5—6 月，北方 7—8 月。珠江、长江、淮河、黄河等流域是旱涝最频繁的地区，一般平均每两年都会发生一次大的旱涝灾害，一般的旱涝灾害更是频繁。2010 年下半年开始，中国粮食主产区遭遇大范围干旱，江河纵横、水资源占全国 70%以上的西南地区干旱肆虐。2010 年上半年广西曾遭遇历史上最严重的虫灾。自然灾害的发生周期越来越短，程度越来越严重，不可避免地使粮食产量减少。农业病虫害对粮油生产造成极大不利影响，在过去 50 多年，小麦、玉米和水稻病虫害发生面积分别增加 3.5 倍、10.78 倍和 9.66 倍，病虫害发生面积分别增加 2 850 万公顷、1 760 万公顷和 5 940 万公顷。病虫害导致的全国小麦、玉米和水稻单产实际损失平均约为 5.51 千克/亩、3.13 千克/亩、2.39 千克/亩；单产损失率平均分别为 3.09%、1.75%、1.34%。病虫害导致的全国小麦总产实际损失年平均为 222 万吨，玉米总产实际损失年平均为 170 万吨，水稻总产实际损失年平均为 332 万吨。

（五）高产品种需肥量大、农药使用量也逐年增加

目前，我国大部分地区作物生产的施肥量已经超过了土地的承受能力，同时增加了生产成本。病虫害增加，导致每年喷施大量的农药，既加重了农民的负担，使农民增产不增收，又严重破坏了人类赖以生存的生态环境，还造成了食物中的大量农药残留、危害人类健康。

化肥使用量依然偏大，2015 年，我国农业化肥施用量为 6 023 万吨，占世界用量的 1/3，化肥施用水平是国际平均水平的 3 倍。目前，小麦、水稻、玉米氮肥用量分别为每公顷 210 千克、210 千克、220 千克，属于基本合理水平，但是化肥利用率不到 40%，没有利用的氮、磷通过淋溶和径流进入土壤和水体造成土壤、水、环境的污染。我国农药使用量由 2000 年的 128 万吨增加到 2013 年的 180 万吨（商品量），年均增长 2.7%；农药使用强度由 2000 年的 8 千克/公顷增加到 2013 年的 11 千克/公顷，年均增长 2.3%。近年来，农药使用量稳定在 32 万吨（有效成分）左右，占世界农药总用量的 1/7，但农药利用率仅为 35%，较发达国家低 20~30 个百分点。农药用量偏大、利用率偏低、施药方法不科学和不规范使用影响了农产品质量安全，造成了一定的环境污染，增加了农业生产成本，影响农产品质量安全，危害人体健康，威胁农业可持续发展。

（六）农业经营比较效益低，农民种粮积极性不高

近年来，化肥、农药、农机等农资价格大幅度上涨，上涨幅度明显高于农产品价格。如表 2-6 所示，2009—2014 年，我国三大粮食作物每亩生产总成本由 600.41 元增加到 1 068.57 元，增长了 78%。其中：每亩生产成本增加了 378.84 元，对总成本的贡献率为 80.9%，土地成本每亩增加了 89.32 元，贡献率为 19.1%。以生产成本里的化肥投入金额为例，2009 年每亩化肥投入金额为 117.55 元，2014 年增加到 132.42 元，年均增长率为 2.4%。尽管我国出台了一系列农业补贴政策，但农作物生产成本的增加远远超过农业补贴金额，加上近年来水稻、小麦、玉米等粮食市场价格走低，农民种粮收益呈逐年下降趋势，2009—2014 年期间，三大粮食作物利润不断下降，由 2009 年每亩利润 192.35 元下降到 2014 年 124.78 元，每亩下降了 67.57 元；2014 年三种粮食作物每亩成本利润率仅 11.68%，较 2009 年的 32.04%，降低了一半以上。

农民种粮收益的下降严重挫伤了农民的种粮积极性，大量农民情愿种植经济作物，也不愿意种粮，农民经营性收入不断下降。大部分甚至荒废耕地，外出务工，工资性收入不断增长。由表 2-7 可知，2014 年农村居民

家庭人均可支配收入中家庭经营性收入的比例为40.4%，这一比重较2012年下降了4.23%，较2010年下降了7.46%。与此相反，农民工资性收入和转移性收入仍在不断增长，农民工资性收入由2010年的2 431.05元增加到2014年的4 152.2元，短短4年间增加了1 721.15元，增长幅度很大，这也意味着农民种粮的机会成本不断增加，农业经营收入比较效益降低，进一步挫伤了农户种粮积极性。

表2-6　三种粮食作物平均成本收益情况

项目	单位	2009年	2010年	2011年	2012年	2013年	2014年
每亩							
总成本	元	600.41	672.67	791.16	936.42	1 026.19	1 068.57
生产成本	元	485.79	539.39	641.41	770.23	844.83	864.63
物质与服务费用	元	297.40	312.49	358.36	398.28	415.12	417.88
化肥金额	元	117.55	110.94	128.27	143.40	143.31	132.42
人工成本	元	188.39	226.90	283.05	371.95	429.71	446.75
土地成本	元	114.62	133.28	149.75	166.19	181.36	203.94
净利润	元	192.35	227.17	250.76	168.40	72.94	124.78
成本利润率	%	32.04	33.77	31.70	17.98	7.11	11.68
每50千克主产品							
平均出售价格	元	91.32	103.78	115.42	119.86	121.13	124.38
总成本	元	69.16	77.58	87.64	101.59	113.09	111.37
生产成本	元	55.96	62.21	71.05	83.56	93.10	90.12
净利润	元	22.16	26.20	27.78	18.27	8.04	13.01

数据来源：2015年《全国农产品成本收益资料汇编》

表2-7　全国农村居民家庭人均纯收入构成　　（单位：元）

年份	纯收入	其中			
		工资性收入	家庭经营纯收入	财产性收入	转移性收入
2010	5 919.01	2 431.05	2 832.80	202.25	452.92
	占比	41.07%	47.86%	3.42%	7.65%
2012	7 916.58	3 447.46	3 533.37	249.05	686.70
	占比	43.55%	44.63%	3.15%	8.67%

（续表）

年份	纯收入	其中			
		工资性收入	家庭经营纯收入	财产性收入	转移性收入
2014	10 488.9	4 152.2	4 237.4	222.1	1 877.2
	占比	39.58%	40.40%	2.12%	17.90%

数据来源：2011 年、2013 年、2015 年《中国统计年鉴》

注：2014 年农村居民家庭人均纯收入为农村居民家庭人均可支配收入

（七）技术需求

粮油作物生产和增产的技术需要主要有品种选育技术、肥料及施肥技术、病虫草害防治技术、灌溉技术、地力培育技术、农业机械与耕作技术、种植制度、防灾减灾等技术。新品种选育技术、节水灌溉技术和病虫害防治技术是影响粮油作物生产和增产的主要技术，也是转基因粮油作物增产的技术需求方向。

1. 新品种选育技术

品种选育技术在水稻、小麦、玉米三大作物中均以较大优势排列第一位，保障我国粮食作物的可持续增产，优良新品种的选育至关重要。水稻新品种选育要加快水稻特异性育种材料的发掘和创新、将理想株型与杂种优势利用相结合、走常规育种与基因工程结合的高科技路子，培育具有丰产、高质、多抗、广适的水稻良种。玉米新品种选育要从常规超亲育种、小麦物种间远缘杂交、一系法利用杂种优势、基因转化、聚合育种等方面，加强对超级小麦种子的研究，尽快培育出以高产、优质、高效为综合目标的超级麦。玉米新品种选育要综合利用我国的玉米种质和外来玉米种质，加强对目标性状基因的搜集、鉴定、创新研究，进一步改进玉米诱变育种方法，积极探寻新的诱变源，重点培育耐密植、抗倒伏、抗病虫、适应机械化作业的玉米新品种。通过示范引导，水稻重点推广大棚育秧、集中育秧、使用壮秧剂和抛秧、机插秧、水稻精确定量播种等栽培技术；小麦重点推广精量半精量播种、“双晚”等技术；玉米重点推广增密技术、全膜双垄沟播、催芽坐水和等技术。

2. 节水灌溉技术

中国现有常用节水灌溉方法包括渠道防渗、喷灌、微喷灌、渗灌和滴灌等。以色列滴灌技术被公认为目前效果最好的节水灌溉技术。

渠道输水是目前我国农田灌溉的主要输水方式，传统的土渠输水渠系水利用系数一般为0.4~0.5，大部分水都渗漏和蒸发损失掉了，渠道渗漏是农田灌溉用水损失的主要方面。采用渠道防渗技术后，一般可使渠系水利用系数提高到0.6~0.85，比原来的土渠提高50%~70%。渠道防渗还具有输水快、有利于农业生产抢季节、节省土地等优点，是当前我国节水灌溉的主要措施之一。

喷灌是利用管道将有压喷头分散成细小水滴，均匀地喷洒到田间，对作物进行灌溉。喷灌比漫灌节水30%，主要用于大田密植作物，适合区域化控制，具有增产、提高耕地利用率等优点。微喷是新发展起来的一种微型喷灌形式，属于先进的节水灌溉技术，能够仅对作物需水部位提供所需水量，由“浇地”转换为“浇作物”，具有节水、增产效应，灌水均匀，至少可比喷灌节水50%，很容易实现水肥一体化。滴灌则是近年来出现的最先进的灌溉技术，以色列2004年6月在新疆石河子开始棉田地下滴灌试验。地下滴灌的蒸发量极小，能完全不受风的影响，可实施立体精确定位水肥灌溉。水的利用率高达0.98，设施损耗少，免受紫外线辐射的影响，不易老化。

3. 病虫害防治技术

目前，我国防治农作物病虫害主要依赖化学防治措施，在控制病虫危害损失的同时，也带来了病虫抗药性上升和病虫暴发几率增加等问题。推广应用生态调控、生物防治、物理防治、科学用药等绿色防控技术，有助于保护生物多样性，降低病虫害暴发概率，实现病虫害的可持续控制，有利于减轻病虫危害损失，能有效替代高毒、高残留农药的使用，降低生产过程中的病虫害防控作业风险，避免人畜中毒事故。同时，还显著减少农药及其废弃物造成的面源污染，有助于保护农业生态环境，保障粮食丰收和主要农产品的有效供给。

生态调控技术重点采取推广抗病虫品种、优化作物布局、培育健康种苗、改善水肥管理等健康栽培措施，并结合农田生态工程、作物间套种、天敌诱集带等生物多样性调控与自然天敌保护利用等技术，改造病虫害发生源头及孳生环境，人为增强自然控害能力和作物抗病虫能力。生物防治技术重点推广应用以虫治虫、以螨治螨、以菌治虫、以菌治菌等生物防治关键措施，加大赤眼蜂、捕食螨、苏云金杆菌（Bt）、枯草芽孢杆菌等成熟产品和技术的示范推广力度，积极开发植物源农药、植物诱抗剂等生物生化制剂应用技术。理化诱控技术要重点推广昆虫信息素（性引诱剂、聚集素等）、杀虫灯等诱杀农作物害虫，积极开发和推广应用植物诱控、食饵诱杀等理化诱控技术。集成创新、优化提升生态调控、生物防治、物理防治、科学用药等关键技术，提高绿色防控技术的先进性、实用性和可操作性。

组织开展农作物病虫专业化统防统治与绿色防控融合推进试点，把统防统治的组织方式与绿色防控的技术措施集成融合为综合配套的技术服务模式，进行大面积示范展示，逐步实现农作物病虫害全程绿色防控的规模化实施、规范化作业，有效提升病虫害防治的组织化程度和科学化水平。融合推进试点重点抓好三方面工作：一是专业化统防统治。依托病虫防治专业化服务组织、新型农业经营主体等，开展专业化统防统治，重点扶持发展全程承包服务，提高病虫防控组织化程度。二是全程绿色防控。熟化优化理化诱控、生物防治、生态调控等绿色防控措施，集成推广以生态区域为单元、以农作物为主线的全程绿色防控技术模式，提高病虫防控科学化水平。三是科学安全用药。科学选择、轮换使用不同作用机理的高效低毒低残留农药，大力推广新型高效植保机械，普及科学安全用药知识，提高资源保护和利用水平。在保障防治效果的同时，化学农药使用量减少20%以上，农产品质量符合食品安全国家标准，生态环境及生物多样性有所改善。

第三章　加快转基因粮油作物育种研发的意义

一、增强农业技术储备

（一）转基因技术具有较大优势，需要早做准备

转基因粮油育种技术与传统育种技术相比，具有较大的优势，如育种周期短，可以根据人类自身的需要改造粮油作物的特定性状，使之符合人类的需要。许多国家通过商业化种植转基因粮油作物，获得了巨大的经济、生态环境和社会效益，并且越来越多的国家开始商业化种植转基因粮油作物。由于转基因粮油作物可能存在生态和食用方面的风险，并且公众普遍对转基因食品及商业化应用持怀疑态度，所以，目前我国还没有转基因粮油作物的商业化种植，但并不意味着，我国就因此不应该对转基因育种技术进行研发了。相反，加大转基因育种技术的研发，是十分必要的。

转基因技术的发展趋势提醒我们必须未雨绸缪，对转基因作物及其相关技术进行深入研究，增强我国转基因作物参与世界竞争的能力，维护我国的自身利益。同时，随着中国科技的进步，转基因技术必然要应用到中国的农产品生产中，我们应该早做准备，积极开展转基因作物的研发工作，使我国的研发水平尽早赶上发达国家的水平。

等到哪天，转基因粮油作物被证实对人体和生态没有危害时，或是通过后期的研究改进，使得转基因粮油作物不具有潜在危险时，我国就可以大范围的商业化种植已经研发出的转基因粮油作物，而不是等到证实没有危险后，才开始对转基因育种技术进行研究，那时将会对我国造成巨大的损失。

（二）我国转基因技术研究起步晚，且远远落后于发达国家

早在1984年，美国就研发出了第一例转基因大豆，而20世纪80年代，我国才开始转基因技术的研发，转基因技术的研发起步较晚。并且无论是在转基因作物的品种还是性状的数量上，我国都要远远落后于美国等发达国家。截至2009年，美国、加拿大、中国、欧盟和日本进行转基因作物田间试验共计28 182次，美国占世界转基因作物田间试验总量的52%，加拿大占28.7%，我国占10%，欧盟8%，日本占0.5%。美国和加拿大两国的田间试验数量远远高于我国。日本、欧盟虽然在转基因育种方面进展缓慢，但近几年，越来越重视，投入力度也有所增加。同时，巴西、阿根廷、印度等发展中国家对转基因作物研发投入成倍增加，发展势头尤为强劲，已成为全球转基因生物育种一支重要力量。

全球化的今天，落后就要被欺负。我国在转基因育种研究方面与发达国家已经形成明显差距，因此，在发展转基因技术方面，我们不能够再犹豫，我们应该坚定支持转基因技术的发展。否则，我国与发达国家的差距将越来越大。

（三）争取我国转基因技术自主专利产权

发达国家对本国转基因技术进行了专利保护，如果其他的国家或机构利用该项专利技术进行营利活动时，就需要向该专利所有者交纳一笔专利费，来填补专利所有者在转基因研发过程中的费用，并依靠专利保护来获取利润。如果我国没有研发出自主知识产权的转基因作物，而又想商业化种植转基因作物，那就必须支付一笔巨大的专利费，并且还有可能受制于人。

目前，我国正在申请商业化种植及正在研究的8个转基因水稻品系，没有一个拥有完全独立的自主知识产权，上述8个转基因水稻品系至少涉及28项国外专利技术。这些专利分别属于美国孟山都、德国拜耳和美国杜

邦这三家跨国生物公司。因此，必须加强具有我国自主产权的转基因专利技术的研发。

二、有利于提升农业竞争力

（一）我国种业危机四伏

作为一个农业大国，我国农业用种量巨大。资本的趋利性使得各大跨国种业巨头纷纷进军我国市场。在10年左右的时间里，跨国种子公司凭借雄厚的资金、先进的科技，已控制了我国市场约70%的种子来源。我国前10强种子企业的市场销售额仅占全球市场份额0.8%，并且与世界前10强种子公司相比实力悬殊。随着以“ABCD”四大公司（美国ADM、美国邦吉、美国佳吉和法国路易达孚）为主的外资种业的不断进入，我国“种子主权”面临严峻挑战。

以玉米种业为例，美国先锋种业培育的先玉335，以粒销售、单粒播、质量高、品种高密植、轴细粒深、早熟高产、适合机械作业等优势。2011年先玉335占吉林省玉米种植面积的80%，辽宁省30%，山西省80%。我国国内玉米种子市场和玉米生产有被外企主宰的可能，国内种子企业面临的压力越来越大。

（二）现代种业竞争的核心是品种

现代种业的竞争核心是品种，特别是拥有自主知识产权品种和品种创新能力。中国长期在计划经济体制下运作，多数种子企业缺乏培育品种实力，依靠购买品种经销，难以控制市场价格和种子质量。在激烈竞争的种子市场中，这些企业陷入“品种饥渴症”。我国种子企业要想在市场经济体制中生存并且壮大起来，就必须培育出拥有自主知识产权的优良品种，否则，只能被市场淘汰。

（三）与传统育种技术相比，转基因技术在品种改良上具有相对优势

转基因育种技术打破了物种间的界限，实现了物种间的基因流动，从而大大拓宽了作物遗传改良可利用的基因资源，为农作物品种改良开辟了崭新的途径。与传统育种技术相比，转基因育种技术的优越性主要表现在以下几个方面。首先，育种范围被扩大了。转基因技术不受亲缘关系的限制，基因交流的范围无限扩大，可将细菌、病毒、动植物中的基因甚至是人工合成的基因导入植物中，因此，转基因作物的基因源更广泛。这是传统育种技术不可比拟的。其次，传统育种技术可预见性较差，且几乎不能一次性将所需要的性状遗传下去。而转基因技术能实现目标基因定向定位的转移，从而提高了育种效率。

从国外种业发展经验来看，转基因育种技术可以实现基因的定向定位转移，突破常规育种技术所面临的问题，对培育优良的种子具有促进作用。我国可以借鉴国外的经验，利用转基因育种技术培育一批具有重大应用前景的突破性的优良品种，从而以提高我国种业竞争力，缓解我国的种业危机。

三、保障粮食供给安全的需要

（一）增加粮食有效供给

尽管2012年我国粮食实现了九连丰，基本实现粮食供求平衡。但我国粮食需求保持刚性增长，并且增长趋势仍然很强劲，我国的粮食供给是一种紧供给。如果我们不能有效地增加粮食供给，也许在不久的将来，我国粮食供给将无法满足日益增长的粮食需求，引发我国粮食危机，甚至是世界范围内的粮食危机。

粮食安全是直接关系到全人类生存繁衍、国家安危和社会稳定的重大

问题，因此，各国无不把发展粮食生产摆在立国兴邦的重要位置。大幅提高我国粮食的有效供给，不仅对平衡全球粮食供给、稳定国际市场价格具有特殊的重要意义，而且也极大增强了我国经济发展中抵御国际风险的能力，为我国社会经济稳定发展奠定了坚实的物质基础。

（二）转基因育种技术能够提高粮食单产

粮食增长的直接原因有两个，分别是播种面积的扩大和单位面积产量的提高。单产提高对产量增加起主要作用。利用传统育种技术提高单产存在一些弊端，如育种时间过长、可预见性差等。而转基因育种技术克服了传统育种技术的局限性，提高了转基因的效率和种质改良进程，突破了物种间的遗传壁垒限制，开拓了可选择的种质特性范围，改善了农作物的品质，增强了农作物抗病虫、抗逆的能力，更容易适应环境来抵御各种灾害，从而提高了农作物的产量。

第一代转基因作物是输出性状的转基因作物，如抗除草剂性状、抗虫性状、抗病性状等。这些特性的转基因作物主要是通过减少粮食生产中的损失，来提高粮食单产的。第二代转基因作物是输入性状的转基因作物，如高产性状等。这些转基因作物主要是通过提高自身的产量来提高粮食单产的。并且国外的经验表明，转基因育种技术是提高粮食单产的重要手段。

（三）转基因育种技术能够扩大“可耕地面积”

我国耕地面积减少的一个重要原因是耕地沙漠化、盐碱化，使得普通农作物无法在这种土地上种植。现在各国正在研发抗逆性状的转基因作物，如抗旱性状、抗洪涝性状、抗盐碱性状等，这些转基因作物能够在恶劣的土地上进行种植，如果这种转基因作物研发成功并且可以商业化种植，那么将给西北沙漠化、半沙漠化地区的农民带来福音，并能有效地扩大我国粮食的种植面积，进而提高我国粮食的供给，从而保障我国粮食的有效供给。

在诸多农业技术手段中，转基因育种技术是增加粮食有效供给的重要手段，不仅能够有效提高粮食单产，而且可以开发出更广阔的粮油作物种植空间，从而保障我国的粮食安全。

四、应对国际农业竞争的需要

（一）我国粮油作物国际竞争优势不明显

我国是一个农业大国，曾是主要的粮食出口国之一，但随着国外不断地扩大转基因粮油作物的种植面积，我国逐渐转变成粮食净进口国，并且贸易逆差逐年增加。我国粮食国际竞争力大不如前。

以我国的大豆为例，我国的大豆进口量占世界大豆进口量的93%，是世界上最大的大豆进口国。并且我国大豆的进口量占我国大豆需求总量的80%以上。2010年，我国进口大豆5 480万吨，2011年为5 264万吨，基本上都是转基因品种。转基因大豆的价格要比传统大豆便宜，逼迫我国传统大豆的价格下降，越来越多的农户不愿意种植传统大豆。进口转基因大豆侵入我国非转基因大豆主产区，不仅严重损害了东北大豆主产区4 000多万豆农的利益，而且有可能完全占领我国的大豆市场。在黑龙江豆油销售市场上，2008年国产非转基因豆油的份额还能占到8成，而到2009年只能占到两成，市场已经被转基因豆油所垄断。

（二）转基因育种技术能够有效提高粮油作物的国际竞争力

转基因粮油作物能够有效提高产量，减少农资投入，因此，销售价格相对于传统粮油作物具有一定的优势，进而更具国际竞争力。尽管国外的转基因粮油作物的出口，严重地影响到我国粮油作物的对外贸易以及国内生产情况。但是我们不应该仇视转基因粮油作物，反而应该借鉴国外的经验，充分利用转基因育种技术改良我国粮油作物的品种，培育出更具国际竞争优势的转基因作物，从而改变我国在国际粮食贸易中的地位，使转基因育种技术为我国所用。

第四章　转基因粮油作物研发进展概况

一、世界转基因粮油作物研发现状及发展趋势

自世界上第一例转基因植物问世以来，转基因技术研究范围不断扩大，到2009年转基因植物研究已涉及35个科的50多个物种，共120多种植物，研究内容包括抗虫、抗病、抗除草剂、抗逆、品质改良、营养加强等。发展中国家农作物的研究工作大多集中在加强营养方面。发达国家的少数跨国公司主导转基因技术，同时，发达国家主导转基因作物品种和技术的知识产权体系，根据2005—2014年全球转基因作物申请数据，美国孟山都公司、杜邦先锋公司和德国拜耳作物科学公司专利数量稳居前3位，在种子研发方面有着较大影响力。主要出现了公共部门、私营部门和公共+私营部门三种研发模式。

当前全球转基因技术研发呈现新的态势。一是研究领域不断拓展。研究种类由最初非食用的烟草、林木、棉花到直接食用的水稻、蔬菜、水果等；目标性状从单一的抗虫、耐除草剂向抗旱、养分高效利用等方向拓展；含有复合功能基因、改善营养、增进健康的新一代转基因作物的研发明显提速，成为竞争的新热点。美国新推出的转基因玉米，聚合了8种新型基因，能够兼抗地上、地下6种害虫并耐2种除草剂。二是转基因技术更加准确高效。新一代基因转化技术实现了定点整合、无选择标记和外源基因删除，转化过程更为精准可靠；突破了基因型限制和多基因聚合的技术难题，实现了标准化、规模化、工厂化操作，大大提高了转化效率。三是研发投入大幅度提升。巴西、阿根廷、印度等发展中国家对转基因作物研发投入成倍增加，势头强劲。世界前三强种业公司（孟山都、杜邦—先锋、先正达）年研发投入均超过10亿美元，占销售收入的10%左右。转基因是育种

的核心技术，目前仍是产业竞争焦点（摘自：中国科技网“转基因研发竞跑，中国不能掉队”）。

（一）主要转基因粮油作物的研发及发展趋势

20世纪80年代开始，转基因技术得到了迅速发展，目前已培育出了多种转基因粮油作物，主要有转基因大豆、玉米、小麦、水稻、油菜等。

1. 转基因大豆

大豆是世界上最早开始进行转基因商业化种植的作物品种，最初研制的目的是配合草甘膦除草剂的使用。1984年科研人员开始对转基因大豆进行研究，第一代转基因大豆是抗草甘膦转基因大豆，由美国孟山都公司研发出来的。随后各国科研人员在此基础上，对转基因大豆的性状进行改良，如抗除草剂抗虫复合性状、高蛋白性状等。转基因大豆的发展趋势将向着复合性状和用途广泛的方向。一方面，在当前个别性状改良基础上，多性状聚合的转基因大豆将进一步发展，进而创造高产优质多抗超级大豆；另一方面，开发在医疗和工业等方面的转基因大豆，如大豆作为重要的油料作物，高油酸等转基因大豆将发挥潜力。

大豆转基因技术。目前，大豆外源基因转化技术主要为农杆菌介导转化法和微弹轰击法。从已报道的独立转基因事件来看，美国孟山都公司主要采用农杆菌介导转化法，杜邦先锋公司和德国拜耳作物科学公司主要采用微弹轰击法。外源基因一旦导入大豆，就可利用常规杂交育种和标记辅助选择技术实现导入基因在不同材料间的转移。

研发的转基因大豆的外源基因和品种。耐除草剂品种：孟山都公司研发成功获得抗草甘膦转基因大豆。抗虫品种：美国孟山都公司研发获得2种能有效预防鳞翅目昆虫的抗虫大豆品种MON87701和MON87751。高营养品种：美国杜邦（先锋高科技股份有限公司）开发出G94-1、G94-19、G168高油酸大豆品种，于1997年开始商业化种植。2007年研发出DP305423高油品种，并于2009年获批商业化。复合性状转基因大豆品种：孟山都公司培养出既能抗虫又能耐除草剂的大豆品种MON87701×MON89788，并在南马托格罗索州验证该品种能有效降低目标害虫。

2. 转基因玉米

1986年，Fromm等首次将外源抗除草剂基因导入玉米原生质体中，此后玉米转基因技术的研发得到了迅速发展。除了抗虫、抗除草剂、抗病等第一代转基因玉米品种外，近年来，培育出了抗干旱、耐盐碱等转基因玉米。德国巴斯夫和美国孟山都一起培育出一种只需极少量水的耐旱玉米品种，适于缺水和炎热的地区生长。董春林等人，成功培育出耐盐抗旱转基因玉米。范云六等人研发出了拥有自主知识产权的转植酸酶基因玉米。此外，Paul等获得一种富有三种维生素的转基因玉米。转基因玉米的研发重点已经由最初的抗虫和耐除草剂等减少损失的性状向抗旱、耐盐碱性等提高自身质量和品质的性状转移。

国外玉米转基因技术体系的研究起步较早，一些大学和科研机构都建立了具有较高转化效率的玉米转基因技术体系。一些跨国大公司，如孟山都、先锋、先正达等建立了工厂化流水线式的规模化转基因技术体系，如美国孟山都公司有200人左右进行玉米遗传转化，每年获得30万株左右的转基因植株。

转基因玉米技术方法。基因枪和农杆菌介导法是转基因抗虫玉米研发应用的主要转化方法，基因枪法不受受体限制，愈伤组织、细胞、细胞器等均可作为受体，可控度高，操作快速，但转化率较低，所得转化体大多仅能瞬时表达。农杆菌介导法操作简单，转化率较高，费用低，且导入的外源基因多为单拷贝，是目前应用最为广泛的转化方法。

复合性状的研发与推广备受青睐。目前16个实现商业化生产的转化事件涉及的性状包括除草剂耐性（草甘膦、草铵膦），抗虫性状（鳞翅目害虫、鞘翅目害虫），生理性状改良（水分利用效率）和品质改良（淀粉酶含量）4类性状。开发复合性状产品是未来转基因玉米的发展趋势，复合性状产品包括抗虫、抗除草剂和耐旱性，加上营养改良等其他性状。

3. 转基因小麦

小麦是转化难度较大的单子叶植物之一，其转基因技术研究起步较晚。1992年Visil等人经过长期努力，成功获得了世界上第一例转基因小麦。近20年来，经过许多学者的不懈努力，已取得了长足的进展。将抗病、抗虫、抗逆性、改善品质的基因导入小麦，获得了一批转基因小麦品种，部分品系已经进入了环境适应阶段。但与其他作物的转基因育种相比，转基因小麦的研发仍存在较大差距。完善的小麦转基因技术体系尚未建立，遗传转化的效率仍然较低，还不能作为一项常规技术普遍应用。

转基因小麦育种的技术方法。主要手段是利用生物及物理化学等手段，将外源基因导入植物细胞以获得转基因植物的植物转基因技术。对于小麦的遗传转化已发展的方法主要有 PEG 法、电激法、离子束介导法、花粉管通道法、基因枪法及农杆菌介导法等，转化的基因也从最初的单一基因扩展到抗病虫害基因、抗逆基因、抗除草剂基因和品质相关基因等。

利用现代基因工程技术进行小麦的品种改良是当前小麦育种的一个新方向。孟山都公司和巴斯夫（BASF）公司将共同研发转基因小麦，计划将转基因小麦加入玉米、大豆、棉花和油菜籽等转基因产品之列，研制产品能够更好的抵抗病虫害、干旱以及杀虫剂。

4. 转基因水稻

1988 年第一批转基因水稻成功问世，越来越多的研究者利用转基因技术对传统水稻进行改良。目前，已有数百例转基因水稻获准田间试验，涉及抗虫、抗病、抗除草剂、品质和农艺性状改良等多方面内容。美国和伊朗批准了转基因水稻的商业化种植。抗虫、抗逆、抗除草剂的转基因水稻培育相对成熟，现在科研人员正在努力探索高产、养分高效利用、优质的转基因水稻。

水稻转化技术和基因表达系统的完善转化技术。将外源基因转移到受体植物中是转基因技术的第一步，水稻转基因技术在 20 世纪 80 年代才有所突破，人们通过原生质体体系将外源基因导入到水稻中，并发展了直接转化法、PEG 介导法、电激法和脂质体介导法等水稻转化方法。20 世纪 90 年代初，根癌农杆菌（Agrobacterium tumorfaciens）转化水稻技术的建立使水稻转化成为一项常规的实用技术，目前绝大多数的水稻转基因事件都是通过此法获得的。

（二）转基因作物的性状

转基因作物根据转基因的特性分为三代（表 4–1）。第一代转基因作物主要以抗除草剂、抗虫、抗病等性状为主，这类性状的转基因作物可以使作物免受虫害、杂草和病害，通过减少损失而被动地实现产量的明显增加。第二代转基因作物以抗旱、抗洪涝、抗盐碱性等抗逆性状和优质高产性状为主，能够提高作物自身产量以及适应能力。第三代转基因作物以提高转基因作物的附加值为目的，多用于医药和生物等领域。第二代和第三代转基因作物的特性，都是通过多基因叠加而成的复合性状，这种复合性状将成为未来转基因发展的趋势。

表 4–1　转基因作物性状分类

	主要特性	主要目的	表现性状与用途
第一代	输入特性	增加产量，减少投入	抗除草剂、抗虫、抗病
第二代	输出特性	提高适应力，改善品质	抗逆性、高产优质
第三代	附加值特性	提高附加值	用于医药、生物等领域

目前，第一代转基因作物的发展已经较为成熟，在生产上得到实际应用。各国研发机构在深入开发第一代转基因产品的同时，也在把研发目标逐步转向第二代及第三代产品。

转基因作物主要是第一代、第二代转基因产品，其主要性状依然是耐除草剂、抗虫、抗病毒、抗逆等。研究证实，随着种植时间的延长，单个基因控制的抗虫、耐除草剂性状易使目标害虫和目标杂草产生抗性，由此催生了聚合两个或三个抗虫、抗杂草基因的第二代抗虫/耐除草剂复合性状作物。为了满足种植、生产、加工或消费的多样化需求，性状越来越多样化，涵盖木质素改变、抗过敏、延迟成熟/衰老、耐受干旱胁迫、增强光合作用/产量等诸多性状。转基因研发正在由以抗虫、抗逆和耐除草剂等增产为目的的品种改良逐渐发展为以增产和改善产品品质并重的品种改良，以及以工业、医药和生物反应器等为目的的品种改良。

为了满足农户和消费者的多样化需求，从 2006 年开始，复合性状产品成为转基因产品培育的一个重要方向，并开始大规模种植。2007 年，复合性状产品增加了 66%，种植面积为 2 180 万公顷，占据了全球转基因作物种植面积的 19%，2015 年复合性状产品种植面积达到 5 850 万公顷，占总面积的 33%。复合性状产品呈加速度发展的态势，聚合抗虫、耐除草剂、耐干旱胁迫，加上营养改良等性状的复合性状转基因产品将是未来转基因育种的一个重要方向（沈平等，2017）。

（三）发达国家少数跨国公司垄断了转基因粮油作物的知识产权

在转基因作物产业化迅速发展的同时，与之相关的知识产权的申请与保护也迅速展开。在发达国家，市场机制相对完善，对知识产权有一套完整的保护方案。这也激励有实力的农业生物企业积极投资于转基因作物的研发工作，而这些研发成本必然以专利费用、技术转让费等形式分摊到其产业化的转基因产品上。截至 2009 年年底，全世界在转基因技术领域通过 PCT 途径申请的国际专利有 91 572 件，其中美国占 62. 9%，我国仅有 2%。在抗虫和抗除草剂基因方面，孟山都、拜耳、杜邦、先正达、陶氏益农五家公司掌控了 70%以上的抗虫基因专利和 84. 5%的抗除草剂基因 EPSPS 专利。转基因专利技术几乎全部掌控在发达国家少数跨国公司的手里，这些公司凭借所申请的专利权对转基因粮油市场形成了垄断。

由此可见，当今全球的转基因技术和知识产权格局是，发达国家少数跨国公司主导转基因技术，同时，发达国家主导转基因作物品种和技术的知识产权体系，在这个体系中，包括中国在内的广大发展中国家处于不利地位。

当前国际种业市场已经演进到寡头垄断阶段，根据 ETC Group 的数据，1996 年全球前十种子公司销售额占全球商品种子市场的 37%，到 2006 年提高到 57%。其中，孟山都、杜邦—先锋、先正达、拜耳等四家公司占全球商品种子的 41%。孟山都是世界第一大种子公司，在大豆、玉米、油菜和其他作物种子市场上占主导地位。美国农业部将孟山都、杜邦、先正达以及拜尔（总部在德国）、陶氏（总部在美国）、巴斯夫（总部在德国）合称为“六巨头”（Big Six），它们的共同特点是在农作物种子和农业化工两个领域都有强大的技术实力和重要的市场地位。巴斯夫是化工巨头，目前种子销售额很小，但它对种子和生物科技的研发投入较多。根据ETC集团的计算，2011年“六巨头”在种子市场的份额高达60%。

（四）不同部门的研发模式

目前，全球转基因作物有公共部门、私人部门以及公共—私人部门三种研发模式。私人部门包括致力于全球和国内、区域市场的跨国企业和本国企业，目前全球种植的转基因作物很大程度上是由这些私人部门开发的。公共—私人部门如印度Mahyco公司的Bt茄子项目，孟山都、盖茨/巴菲特基金会在非洲开展的转基因抗旱玉米项目，巴西EMBRAPA/BASF的耐除草剂大豆项目（已经通过批准用于商业种植）。公共部门如中国的中国农业科学院（CAAS）开发的Bt融合基因棉花、植酶酸玉米，Gonsalvez博士在康奈尔大学开发的抗病毒木瓜，以及由巴西EMBRAPA开发的刚刚获批的抗菜豆金色花叶病毒，已经在夏威夷实施商业化。

（五）世界转基因作物研发的标志性事件

1973年，美国斯坦福大学的斯坦利科恩教授（Stanley N. Cohen）首次开发成功转基因技术。1983年，世界首例转基因植物——抗病毒转基因烟草在美国华盛顿大学培育成功，标志着人类利用转基因技术改良农作物的开始。1986年，转基因农作物在美国获得批准进入田间试验。1994年，美国Calgene公司培育的延熟保鲜转基因番茄被美国农业部和食品与药物管理局批准商品化生产，这是被批准上市的世界第一例转基因作物。1996年，转基因抗虫棉花和耐除草剂大豆在美国获批大规模种植，种植面积为170万公顷；此后全球转基因作物的种植面积每年以两位数的速度增长。1996—2016年，全球累计种植转基因农作物再创新高，超过21亿公顷，实现了108倍增长。2009年，中国政府批准抗虫转基因水稻和转植酸酶基因玉米获得安全证书。这被国际农业生物技术应用服务组织主席Clive James

誉为“是一项里程碑式的决策”。

二、我国转基因粮油作物研发进展

20 世纪 80 年代，我国开始研究转基因育种技术，相对发达国家，起步较晚。经过将近 30 年的努力，已经形成了从基础研究到产品研发的一个较为完整的科技体系，研发的转基因作物种类达到了 40 多种，主要的粮油作物有水稻、玉米、小麦、大豆等，以抗病虫害、抗逆、品种改良、抗除草剂、提高单产、转雄性不育基因等转基因性状为主。我国已经初步建成了世界上为数不多的，包括功能基因克隆、遗传转化、品种选育、安全评价、产品开发、应用推广等各环节在内的转基因育种创新和产业发展体系，拥有了抗病虫、抗除草剂、抗旱、营养改良等重要基因的自主知识产权和核心技术。尽管我国转基因育种的整体实力与发达国家仍有较大差距，自主创新能力有待进一步提高，但目前棉花、水稻、玉米等转基因作物的基础研究和应用研究已取得了一批高水平的科技成果，初步形成了自己的特色与优势（黄大昉，2011）。目前，水稻功能基因组学研究成效显著，整体研发水平进入世界前列，我国在水稻功能基因组和转基因水稻技术领域已取得优势地位，专利申请总量已超过日本和美国。转基因玉米在品质改良等领域也达到了国际先进水平。小麦、玉米等作物的功能基因组学研究也有明显进展，在这几种主要粮食作物中已经获得了一大批营养品质、抗旱、耐盐碱、耐热、养分高效利用等重要性状基因。长期以来，我国政府一直重视植物基因组和转基因作物研发的投入，已实施 5 年的转基因生物新品种培育国家科技重大专项，到 2020 年总投资将达到 240 亿元。

（一）转基因水稻

我国是世界上最大的稻米生产国和消费国。我国自 1988 年开始水稻转基因的研究，部分转基因水稻的研发居于世界领先水平，目前处于由基础研发向产业化发展的阶段。2001 年我国公布了世界上第一张水稻全基因组工作框架图，2002 年完成了首张水稻基因组的精细图，并完成了水稻的精确测序，为世界水稻研究和生产做出了重要贡献。2009 年，农业部给华中农业大学研制的“华恢 1 号”和“Bt 汕优 63”两种转基因抗虫水稻，发放了安全证书，该品系的研发工作于 1995 年开始，1999 年通过了农业部的成果鉴定，同年开始中间试验，2002 年完成环境示范，2003—2004 年进行生产性试验。并且，高抗、广谱和无选择标记新型抗虫、抗草甘膦转基因水稻品系也进入生产试验阶段。抗除草剂、百叶枯病、稻瘟病转基因新材料进入中间试验。此外，还创制了一大批抗逆、品质改良、功能型、高产等转基因水稻材料。

经过努力，我国已培育出一批有重要价值的转基因新品系。

（1）抗虫转基因水稻。华中农业大学等单位选育出抗鳞翅目害虫的转基因水稻有 Bt 汕优 63、华恢 1 号、明恢 86 和克螟稻等系列品系，对螟虫具有高度的抗性，初孵幼虫取食抗虫转基因水稻后一般在两天内就会死亡，基本解决鳞翅目害虫对水稻的危害。

（2）抗除草剂转基因水稻。中国水稻研究所 1998 年开始培育抗草胺膦除草剂的转 Bar 基因水稻品系，如恢复系转 T2070、直播稻 TR3 和 T 秀水 11 等，抗除草剂效果较好，还能用于杂交水稻的去杂保纯。随后，中国科学院亚热带农业生态研究所等单位也陆续选育了抗除草剂水稻新品系 Bar68-1 和旱稻 297T。近几年，中国水稻研究所又用新型的抗除草剂基因 EPSPs，选育了抗草甘膦除草剂新材料 Anti G1、Anti G2。目前转 Bar 基因水稻已通过了中间试验、环境释放和生产性试验，正在申请安全证书。

（3）耐盐和耐旱的转基因水稻。中国水稻研究所已将含多个耐盐和耐旱相关基因（SKC1、mtl D、CMO、BADH）导入到不同的主栽稻品种，已成功选育了越秀 T22-77 为代表的耐盐新品系，已申请环境释放。

（4）抗病转基因水稻。中国水稻研究所联合全国的优势单位，将抗白叶枯病基因 Xa21、Xa27、xa5 和抗稻瘟病基因 Pi9、Pi2、Pid2 导入到全国不同生态区域的主栽稻品种，也已选育了一系列抗病转基因杂交稻恢复系和常规粳稻新品系，并已进入转基因水稻安全评价的不同阶段。

（5）养分高效转基因水稻。浙江大学和南京农业大学等单位利用 N 高效基因硝酸根转运体基因 Os NRT2. 3b、磷高效基因 Os PHF1 和钾高效基因

Os AKT1 转入高产粳稻（华粳 295、秀水 134、武育粳 7 号），培育了养分高效转基因水稻新品系，并已进入环境释放阶段。

（6）高产转基因水稻。利用克隆的 IPA1、MOC1 等水稻重要功能基因，已获得一系列不同分蘖梯度的水稻品系，为建立水稻“理想株型”模型和超级稻分子育种奠定了基础。

（二）转基因玉米

中国玉米转基因技术研究起步较晚，但也取得了一定的成就，目前玉米规模化转基因技术体系已经初步构建并投入应用，并获得了一些具有育种价值的转基因玉米新材料，具有自主知识产权的转 EP-SPS 基因耐除草剂玉米和转 Bt 基因抗虫玉米已进入生产性试验和环境释放阶段，可与国外品种抗衡。转植酸酶基因玉米新品系是我国少数拥有自主知识产权的品种之一。2009 年，通过了安全评价，并获得了安全证书。我国也创制了一批抗旱、耐盐、耐冷、抗粗缩病、高氨基酸以及磷或钾高效利用等转基因玉米新材料。

转基因植酸酶玉米是我国自主创新的一标志性成果。我国具有世界上最大的养殖业规模，每年饲料玉米用量已接近 1 亿吨。饲料玉米中含有一种富含磷营养的“植酸磷”，因无法被动物消化吸收而白白浪费，并随动物粪便排放到水域，导致水体的富营养化，加剧了蓝藻、赤潮等环境污染。同时，为了补充饲料中的磷营养，每年又不得不大量进口我国稀缺的磷酸氢钙。为了破解我国畜牧业发展和环境保护中的这一难题，我国科学家创造性地从真菌中分离出高效植酸酶基因，并将此基因直接转入玉米，动物食用后就能将植酸磷转化为可以直接吸收的磷营养，同时还能增强饲料中多种养分的利用效率，肉蛋品质产量均有显著提高（黄大昉，2011）。

中国玉米转基因技术体系构建起步于 20 世纪 90 年代，涉及的玉米转基因方法包括农杆菌介导法、基因枪法、子房注射法、花粉管通道法等，但目前主要采用的是农杆菌介导法和基因枪法。利用所建立的玉米转基因技术体系，中国科学家研发出具有重大应用价值并获得转基因生物安全证书的转植酸酶基因玉米，研发出具有产业化前景的抗虫或抗除草剂转基因玉米材料。同时利用转基因技术手段获得转基因玉米植株对许多基因的功能进行了深入研究。

孟山都、先锋等公司已具备很成熟的玉米转基因技术体系，国外某些公立机构实验室也实现了稳定的玉米遗传转化效率。但对于中国大部分实验室，玉米转基因技术还有待于进一步摸索和提高转化效率。提高玉米遗传转化效率，需要在技术细节上进行优化，如受体选择、侵染方法及条件的优化、培养基成分优化等方面。在继续提高转化效率的同时，应紧跟世界玉米转基因技术发展趋势，大力发展多基因转化技术、基因打靶技术及安全转化技术，使转基因玉米技术体系更好服务于基因功能研究、转基因玉米产品研发等。

（三）转基因小麦

我国转基因小麦的发展水平相对较慢。抗黄花叶病转基因小麦品系进入生产试验阶段；抗旱转基因小麦新品系和耐盐转基因小麦新品系进入环境释放阶段；抗赤霉病、纹枯病，钾、磷高效利用转基因小麦进入中间试验阶段。此外，还创制了一批抗除草剂、抗穗发芽、抗白粉病、抗大麦黄矮病毒、抗蚜虫、优质转基因材料。

目前，我国科学家已经初步构建了小麦转基因技术体系，既能够利用基因枪介导转化小麦幼胚技术，使转化率达到0.79%～3.52%；也可以利用农杆菌介导转化小麦幼胚技术，敏感基因型GUS瞬间表达率达50%以上。

抗病基因研发方面。病虫害是造成小麦减产的重要限制因素。1994年以来，中国在小麦抗病转基因研究方面也取得可喜的进展。目前，获得专利保护抗病基因主要有*Hv-S/TPK*、*Tt LRR-STk*、*Gh MPK*7、*Ti Dk*1、*Ti NBL*1、*Ta Rs-AFP*2和*L*3基因。

抗虫基因研发方面。抗虫基因研究较少，主要有抗蚜虫基因*PPA*和*sGNA*。其中，《抗蚜虫基因PPA及其制备以及利用其编码的蛋白》为河北省农林科学研究院申请的专利，该发明解决了目前具有抗虫活性的凝集素基因不能完全一致其发育和繁殖的问题，具有对蚜虫致死作用的效果，将该基因转化到小麦中可大大减少用药量环保且具有极大的经济和应用价值。

北京市农林科学院申请的《一种培育抗虫小麦的方法及其专用基因》的专利中，提供了来自雪花莲的基因 sGNA，该发明将该基因导入‘烟农 15’、‘京冬 8 号’和‘中优 9507’中，筛选得到的可表达雪花莲凝集素的转基因植株即为抗虫小麦。

抗逆基因研发方面。干旱、盐碱和低温等逆境是限制小麦产量的重要非生物胁迫，为了充分利用现有耕地，提高小麦产量，小麦抗逆育种显得尤为重要。目前我国受专利保护的抗逆基因主要有 *Tamyb*31、*Ta Rab*2、*Ta CP*、*CBF*1、*Ta Di*19*A*、*tazf*13、*Si COR*3708、*Ta MBF*1c、*Ta GAST* 和 *Ta*-*CAD*1 基因品质基因。

抗除草剂研发方面。小麦转基因抗除草剂的研发相对玉米、油菜、棉花和甜菜较落后，目前取得了明显的进展。研发新的抗除草剂基因对转基因抗除草剂小麦的培育是“生死攸关”。中国农业科学院生物技术研究所和中国农业大学等已经迈开了第一步，不久将会有我国独立知识产权的转基因抗除草剂小麦品种（品系）问世。

抗旱研发方面。干旱是我国北方地区农业生产面临的一个严重问题。培育抗旱能力强的作物品种是农业科学家需要解决的重要课题。目前，中国农业科学院作物科学研究所实施“抗逆转基因小麦新品种培育”重大课题，在抗旱转基因小麦研发方面取得了显著进展，创制出一批具有自主知识产权的抗旱转基因小麦新品系；其中 4 个品系进入环境释放，46 个品系进入中间试验阶段（引自：我国抗旱转基因小麦研发取得显著进展，《北京农业》）。

（四）转基因大豆

我国是大豆的原产国和主产国，目前种植的大豆都是非转基因大豆。大豆胚胎结构的特点使其成为遗传工程改良最困难的作物之一。与国外相比，中国转基因大豆仍处于基础研究阶段，离产品投放阶段还有一定的距离。抗大豆食心虫和苜蓿夜蛾、抗蚜虫大豆进入环境释放阶段。抗草甘膦除草剂、新型转双价基因抗除草剂、抗旱、高含硫氨基酸、钾高效大豆等登入中间试验阶段。目前，我国转基因粮油作物的研究和开发水平居于世界中等水平，在发展中国家居领先地位。但是，与发达国家及其跨国公司相比，我国转基因研发还存在较大差距，如，转基因效率相对较低，缺乏有育种价值的新基因，转化规模小，缺乏重大新品种以及相应的生物安全评价和检测技术。并且，我国申请的国际专利相对较小，覆盖范围狭小。

国内转基因大豆研发多围绕构建高效、稳定规模化遗传转化体系、大豆再生体系、改良大豆性状（抗除草剂、抗虫、抗病、抗逆、品质性状等）转基因育种、转基因检测、安全性评价等方面展开。1988 年，中国科研人员就采用子房微注射的方法获得大豆转基因植株，开创了中国利用转基因技术进行大豆遗传改良的新纪元；1999 年，徐香玲首次采用主流转基因技术体系获得大豆转基因植株；2004 年，中国科研工作者建立了以胚尖为外植体、根癌农杆菌介导的大豆转基因技术体系并引起了国内外同行的重视。经过多年的努力，我国已建立世界上为数不多的转基因育种自主研发技术体系。中国农业科学院作物科学研究所成功研制出耐盐、花期调控、优质等具有潜在育种价值的转基因大豆材料，针对耐除草剂、抗虫、脂肪酸改良、耐旱等性状开展研发并获得一批转基因材料。为解决大豆蛋白硫氨基酸含量低而研发的高蛋氨酸含量转基因大豆材料，已从中间试验环节转入安全评价及育种阶段；大北农生物技术中心目前共有涉及 9 个载体的 26 个抗除草剂转基因大豆材料正在进行中间试验。目前，我国在抗逆、抗病虫、优质、抗除草剂转基因大豆育种方面取得了一定的进展：利用农杆菌介导法和杂交转育技术将抗旱基因、耐盐碱基因、耐高温抗逆基因导入不同生态区大豆品种中，获得了一批抗逆转基因材料，完成了国家“中间试验”和“环境释放”，并获得“环境释放”证书，为大豆转基因新品种产业化提供了重要材料（崔宁波等，2015）。

（五）我国转基因作物法规和管理体系

我国转基因作物安全评价遵循国际公认的权威评价标准和规范，借鉴美国、欧盟等国家的做法，结合我国的国情，制定了一系列的法律法规、技术规则和管理体系，建立了与转基因研发和产业化相配套的法规和管理体系。参照世界主要国家生物安全管理措施，我国采取了行政法规和技术标准相结合的生物安全管理方式，使得我国转基因生物的研发和产业化具备了坚实的生物安全保障能力。从20世纪90年代初开始，我国将转基因生物安全管理纳入与国际接轨的法制化轨道，相继制定颁发了一系列的管理条例和办法，形成了对转基因生物及其产品的的评价和管理较完善的法规体系。早在1993年，我国就颁布了《基因工程安全管理办法》。1996年，农业部颁布了《农业生物基因工程管理实施办法》，根据该办法，农业部设立了农业生物基因工程安全管理办公室，成立了农业生物基因工程安全委员会，建立了农业生物基因工作审批制度，制定了《农业基因工程的安全性评价方法》和《农业生物遗传工程体及其产品安全评价措施》。从1997年起，我国开始依法受理国内外农业转基因生物安全评价申请。2001年，国务院出台《农业转基因生物安全管理条例》，农业部、国家质量监督检验检疫总局等就此出台了系列配套管理办法，相继出台了农业转基因生物分级安全评价制度、标识管理制度、生产许可制度、经营许可制度、加工审批制度、进口安全审批制度等，将农业转基因生物安全管理延伸到研究、试验、生产、加工、经营和进出口活动的全过程。

在多年实践的基础上，按照相关法规要求，参照国际标准，我国转基因生物环境、食用安全评价的专家体系、检测体系、监测体系和标准体系建设进展顺利，初步形成了既与国际接轨又具中国特色的农业转基因生物安全管理技术支撑体系，在农业转基因生物安全管理中发挥了重要保障作用（基因农业网，2016）。

在管理制度方面，我国转基因安全管理主要包括安全评价制度、许可和审批制度、标识制度和进出口管理制度。农业转基因生物安全委员会负责实施转基因产品安全评价工作，委员会由分别来自转基因技术研究、环境保护、卫生、质检等领域的专家组成。安全评价是转基因管理的核心工作，评价时遵循以科学为依据，个案审查的原则。安全评价工作实行分级分阶段管理：农业转基因生物分为尚不存在危险，具有低度、中度、高度危险四个等级；评价程序依次经过实验研究、中间试验、环境释放、生产性试验和申请领取安全证书五个阶段。为确保安全评价的科学、可靠、公平和全面，农业转基因安全委员会在转基因产品的环境释放、生产性试验和安全证书申领三个方面，实行单票否决制。2002 年，农业部发布了《农业转基因生物标识管理办法》，对转基因产品实行按目录定性强制标识制度，凡列入标识目录单的必须予以强制标识，但是对标识不设定阈值（付争艳，2015）。

在依法监管方面，中国在美国和欧盟中间找了一个平衡点，对于转基因食品的监管与日本接近，但是又不同于日本的监管模式。2014 年“两会”期间，农业部部长韩长赋在记者见面会上指出，农业部对转基因问题的态度是一贯的，是明确的：即研究上要积极，坚持自主创新；在推广上要慎重，做到确保安全。我国转基因安全管理是在部际联席会议的指导下，由农业部、卫生部和国家质检总局分工协调、共同实施，其管理模式是以农业部为核心，多部门分工合作，中央与地方共管。具体而言，农业部、科学技术部、卫生部、环境保护部等 7 部委部际联席会议，负责研究和协调转基因生物安全管理工作中的重大问题；国务院各部委在各自的职能范围内行使转基因生物和食品安全的规制权；各省、自治区和直辖市的卫生、农业、质量监督等行政部门负责本区域的转基因生物和食品安全的监管工作。省级农业行政主管部门是本行政区域内转基因生物安全监管工作的责任主体，要按照法规要求切实履行监管职能。研发单位和研发人是转基因生物安全管理的第一责任人，要健全管理制度，落实控制措施，杜绝非法扩散。建立了属地管理为主的管理体系，强化督查。对违法、违规行为，发现一起，查处一起。从目前查处的非法种植的转基因作物看，它们都是已经获得国外安全证书和我国进口安全证书的，并在国外广泛种植。但是，由于按照我国的评估规则和程序，没有批准种植，所以仍然是违规违法（韩长赋，2017）。

第五章　国外转基因粮油作物研发应用及法规管理的代表性发展模式

各国根据本国在转基因技术的研发和应用、生产和消费情况，制定相应的制度原则和具体管理法规，主要有四种发展模式，分别为美国模式、欧盟模式、日本模式和巴西模式。这四个地区的发展战略模式非常具有典型代表性，可以分别概况为美国的宽松模式、欧盟的严格模式、日本的折中模式和巴西的先严后松模式。

一、美国模式

美国是转基因技术的起源地，拥有世界最多的转基因作物种类，是转基因技术最为先进的国家。作为转基因作物及食品的主要出口国，美国对转基因作物及其产品和国际贸易采取积极推动的政策。不得不说，美国秉持的监管理念，采取的发展战略，促进了该国转基因产业的发展。

（一）美国转基因作物的研发

美国是世界上转基因作物研发最早的国家，相关研究始于20世纪80年代初，1997年实施了国家植物基因组计划，建立起成熟的转基因研发机构和完善的转基因作物安全管理体系。转基因作物研发采用公共部门与私营部门相结合的模式，公共部门提供大量前期基础研究，私营部门的跨国公司具有资金和技术优势，在产业开发方面占据了主导地位。目前，涉及转基因研究的单位多达273家，国家研究机构和大学主要有美国农业部、俄罗利达大学、爱荷华州立大学、俄勒冈州立大学等；实验研究较多的私营公司有孟山都公司、国际先锋杂交种子公司、先正达公司、杜邦公司、阿拉伯基因公司、艾格福公司等，在发展过程中，多家跨国公司进行了合并重组，如先锋国际良种公司先被杜邦公司收购，目前杜邦公司又将与陶氏公司合并，2016 年拜耳公司宣布将收购孟山都公司，形成了力量更强大的生物技术研发公司。

研发的转基因作物主要有大豆、玉米、棉花、油菜等，以抗虫、抗除草剂、抗病性状为主要研发性状，现在已将研发目标逐步转向复合性状的转基因作物研究。1996 年，研发出了抗草甘膦大豆；1997 年推出抗农达玉米；2001 年推出了抗农达玉米 2 代，满足更多农户的需要。2010 年，美国向市场投放了 Smartstax™玉米，是一种新型的 3 种复合性状玉米，其中两种性状为抗虫性状，另一种性状为耐除草剂性状。目前，全世界已成功研发了 600 多种转基因种子，大多数诞生在美国的实验室。

公共部门的研究机构和大学往往不具有将研发的产品推向市场化所必需的安全评价资金或技术，因此，公共机构向公司提供前期基础研究，然后由公司进行后续的开发工作。美国种植的转基因作物中仅有 3 个来自大学研究机构，分别是萨斯喀彻温大学的耐除草剂转基因亚麻、康奈尔大学和佛罗里达大学的抗病转基因木瓜。但美国的公共科研机构的研究人员做了大量的基础研究工作，1973—2014 年在转基因领域发表了 15 748 篇论文，占全部论文的 42. 2%，远远高于其他国家。

20 世纪 80 年代植物基因工程开始发展以后，世界种子产业经过一系列兼并重组，目前出现被少数几个大型综合公司垄断的趋势。由于企业对市场信息非常敏感，能够及时调整科研方向，快速形成新品种和新产品，这种以“研发—生产—销售—研发”一体化的模式，使企业成为发达国家转基因作物研发的主体，掌握了大部分的资源。跨国公司均在转基因领域投入巨额资金进行研发，主宰了世界转基因作物的种子市场。孟山都、拜耳、杜邦先锋、先正达、陶氏益农 5 家公司掌控 70%以上的抗虫基因专利、约 63. 4%的耐除草剂基因专利（沈平等，2017）。

美国的孟山都公司和联邦先锋公司是世界最大的两家种子公司，在世界转基因棉花、大豆和油菜作物的种植中居主导地位。孟山都公司是第一个将转基因作物种子大量推向市场的领航者，在 2001 年成为首家推出第二代耐农达转基因玉米的农业公司，还相继推出了第二代抗虫棉、耐农 Flex

棉花、耐农达油菜和耐农达甜菜。2004 年，全球销售的转基因玉米种子的 41%、转基因大豆种子的 25%是由孟山都公司提供。孟山都在转基因粮食方面申请了 533 项专利技术，几乎覆盖了粮食生产的一切环节。该公司还发明出种子“自绝”技术，防止农民自行留种，迫使农民年年要向该公司购买新种子，为此农民每年都要支付给该公司昂贵的粮种费和专利费（孟亚波，2013）。

（二）美国转基因作物的生产与消费

美国转基因作物主要是以农产为单位组织种植的。2010 年，美国转基因作物的种植达到了 6 680 万公顷，占全球转基因种植面积的 45%。主要种植的转基因作物有抗除草剂大豆、抗除草剂棉花、抗除草剂玉米和抗虫玉米。并且这五种转基因作物的种植面积占美国该种作物种植面积的百分比基本呈现上升趋势。到 2011 年，所占比例分别为 94%、73%、75%、63%和 72%。2016 年，美国转基因作物种植面积 72. 92 百万公顷，占全球转基因作物种植面积的 39%，占其国内作物总种植面积的 86%。

美国不但是最大的转基因作物生产国，同时也是转基因农产品消费大国。美国生产的转基因玉米主要用于饲料消费和酒精生产，直接食用的转基因作物很少。美国种植的大豆中 90%为转基因大豆，玉米和小麦等粮食作物中超过 50%为转基因作物。市场上有近 60%的包装食品中含有转基因成分。美国消费者对转基因技术及其产品也持有比较开放和乐观的态度，他们认为没有证据证明通过批准上市的转基因食品在安全性和质量上与其他现有食品有所不同。调查显示，70%以上的美国民众对于转基因食品持“肯定”或“较为肯定”的态度，40%的消费者表示不歧视转基因食品。

（三）美国转基因作物的安全法规和管理机制

美国是转基因技术的领头羊，也是世界上批准转基因作物最多的国家。美对转基因食品采取宽松的监管政策，没有单独设立一个转基因管理体制对转基因作物及食品进行专门管理，未单独立法，而是将转基因食品纳入现有法律中进行监管。美国对转基因食品安全性的管理基本是在原有的食品和药品管理体制下，通过增设转基因食品安全管理流程，以及制定相关的转基因食品管理辅助法律法规来实现的。根据“可靠科学基础原则”建立了一套独特的分散式监管体系，主要监管特点是：“实质等同原则”、涉及的监管法规分散和多部门分工监管。

在立法方面，没有针对转基因食品单一的专门法律。依据实质等同原则，美政府认为现有的管理传统生产产品的法律法规适用于对生物技术产品的管理，没有必要再制定新法律，而是直接将转基因食品的监管纳入现有法律框架之内。主要涉及的法律法规有《联邦食品、药品及化妆品法》（适用于所有食品）、《新植物品种食品的政策声明》、《国家种子鉴定法》、《联邦杀虫剂、杀菌剂和灭鼠剂法》、《毒物控制法》及《联邦植物有害生物法》等。

在管理制度方面，为适应转基因生物快速发展的要求，美国于1986年颁布实施了《生物技术管理协调框架》。协调框架规定美国农业部（USDA）、环保署（EPA）和食品药物管理局（FDA）是农业生物技术及其产品的主要管理机构。对转基因生物安全管理分为两个阶段，第一阶段是转基因生物的研发，第二阶段是转基因生物的释放和应用。第一阶段由国立卫生研究院依据《DNA分子研究指南》进行管理，由于农业转基因生物的安全水平和实验类型较低，一般不需要审批。第二阶段由农业部、食品药品局和环保局依据《生物技术管理协调框架》进行管理。

在管理机构设置及分工方面，美国农业部、食品与药品管理局、环境保护署是农业生物技术及其产品的主要管理机构，它们根据各自的职能对基因工程工作及其产品实施安全性管理。农业部的职责是对转基因作物进行管理，负责转基因产品的种植安全，负责农业转基因作物的田间试验管理。农业部动植物卫生检疫局依据《植物保护法》对转基因植物及对植物有害的生物体的进口、州际间转移及田间实验进行管理；依据《病毒、血清及毒素法》对动物生物制剂进行管理，还根据开发商的申请，经过正式的环境评估、征求公众意见等程序后，取消对一些转基因动植物的监管。食品与管理局药品的职责是要确保新的农作物品种用于食品是安全的。为转基因作物开发者开发的新植物品种提供咨询，并就相关的安全、营养及其他相关问题进行说明。对申请的植物新品种进行评估，然后以信件的形式通知开发者是否获得批准。转基因作物用于动物饲料也要经过同样的咨询程序，要征得食品与药品管理局的允许。美国环保署的职责主要是监管培育的转基因作物是否具有预防、杀害、驱赶或减轻害虫特征，是否会对环境造成影响（孟亚波，2013）。

在管理原则方面，实质等同原则是美国监管生物工程技术产品的重要原则。美国的转基因作物的管理原则是转基因食品和非转基因食品没有区别，监控管理的对象应是转基因产品，不是转基因技术本身。对转基因与非转基因的标签、标识的要求是一样的，要求标识必须真实、不能对消费者产生误导，但是否标注“转基因”由食品生产者自行决定。在进行食品安全评估时，将转基因食品与传统食品在遗传表现特性、组织成分等方面进行比较，若两者在这些方面没有实质性差异，则认为转基因食品等同于传统食品，不需要进行特别标注。对于组织成分或其他特性与传统食品有差异的转基因食品，则实行强制标识政策，生产者必须标出差异所在，但并不需要必须标出“转基因”或“生物工程技术制造”等明确声明其是转基因产品的字样。

二、欧盟模式

欧盟的转基因发展模式与美国模式截然不同。欧盟对转基因作物一直采用预防原则，对转基因作物的基本态度仍然以抵制为主。对批准商业化种植的作物寥寥无几，并且严格控制转基因作物的进口。

（一）欧盟转基因作物的研发

欧盟由于对转基因作物采用抵制的态度，转基因作物的研发起步较晚，近几年加大了对转基因的研发投入，但是目前研发出的成果相对较少。在欧盟，转基因作物新品种的研发成本十分高昂，一个转基因新品种通过安全评估需要花费700万～1 000万欧元，审批的高成本和产业化的渺茫，使转基因研发企业看不到盈利的希望，研发积极性受到打击，人才流失严重。

欧盟对转基因作物管理模式和态度，在一定程度上，限制了该国转基因作物的研发和生产情况（沈平等，2017）。

（二）欧盟转基因作物的生产与消费

欧盟批准种植的转基因作物的品种极少，仅有两种作物，分别为 *Bt* 玉米和 Amflora 马铃薯。其中，Amflora 马铃薯还是 2010 年 3 月才开始批准商业化种植的，这一决定打破了欧洲转基因作物长期等待商业化批准的僵局，被认为是欧盟委员会转变对转基因农作物的立场。2010 年，欧盟 27 个成员国中种植转基因作物的国家数目由 2009 年的 6 个增加到 8 个，一共种植了 9. 12 万公顷 *Bt* 玉米和 450 公顷的 Amflora 马铃薯。占全球转基因作物种植面积的比例还不到 1%。其中，西班牙是欧盟最大的转基因玉米种植国家，种植面积占整个欧盟的 80%。现在，欧盟有 7 个国家批准了商业种植转基因玉米，分别是西班牙、葡萄牙、罗马尼亚、德国、捷克、斯洛伐克、波兰和瑞典。2016 年欧盟 4 个国家种植转基因作物的面积共 13. 64 万公顷，其中，西班牙 12. 91 万公顷，葡萄牙 0. 71 万公顷，捷克共和国 75 公顷，斯洛伐克 138 公顷。相对于转基因作物种植，欧盟对转基因作物进口的政策要宽松的多。自 1998 年以来，共有 95 种进口转基因事件被欧盟批准用于食用、饲料和加工。2016 年，有 18 种转基因产品被欧盟批准用于食用和饲料，包括抗虫害玉米和抗除草剂大豆。

在批准商业化种植的两种作物中，马铃薯是作为一种工业材料，而非人类食品用途。玉米主要是作为饲料和生产生物燃料，也非人类直接食用。欧洲消费者对转基因食品比较抵制，认为转基因作物对人体健康和生态环境存在潜在危险。基于政治、经济和文化种种因素，欧洲人对于转基因技术可能带来的负面影响颇为警惕。相对怀疑与保守的态度在欧盟各国具有一定的民意基础。因此，欧盟对转基因动植物产品上市较审慎，管制措施严格，强调消费者的知情权和自由选择权。

（三）欧盟转基因作物的法律与管理

欧盟专门设立了立法机构、执行机构和咨询机构三大转基因仪器安全管理机构。立法机构包括欧洲理事会、欧洲议会和欧盟委员会，三个部门在食品安全领域均有制定法律法规的权力。欧盟国家可以在法律框架下进行转基因技术的应用研究和开发，但受到密切管控。

根据以前未修订的法律，欧盟各成员国没有风险评估和审批的权力，而是统一交由欧盟行使。但近年来，不断有欧盟国家在不提供科学证据及不履行程序的情况下就禁止种植转基因作物，而欧盟非但没有从法律上对这些国家采取措施，反而在2010年修改了法规来适应成员国的行动：让各成员国政府来决定是否种植转基因作物。各成员国立场的严重分歧，致使目前欧盟关于转基因作物法规取得任何新进展都很困难（孙刚，2012）。

欧盟采取“预防原则”进行转基因产品安全监管，并于20世纪90年代建立了严格的转基因作物审批制度，要求各国在法律框架下进行转基因技术的应用研究和开发，并对实验过程进行密切管控。“预防原则”为欧盟在无法提出科学证据证明转基因食品具有风险的情况下，对转基因食品的生产、进口和上市进行严格法律管制提供了理论论据。欧盟对转基因食品的管理原则是首先假定转基因食品存在潜在的危险，所有与转基因有关的活动都要进行严格的管理，并针对转基因技术制定新的法规。它认为转基因食品在本质上是不安全的，因此它把转基因食品和非转基因食品分割成两个不同的部分，只要是转基因食品，就必须接受严格的管制。与美国的管理体系不同，欧盟以一系列不同于管理传统食品的法律法规来对转基因食品进行管理，以确保对人体健康和生态环境的保护。

欧盟采用严格的强制标识制度，欧洲议会于1997年5月通过的《新食品规章》的决议，规定欧盟成员国对上市的转基因食品必须要有转基因的标识，转基因成分在0.9%以上的所有产品被确认为转基因产品。所有运用了转基因产品作为原料的食品都要必须加贴特殊标，而无论最终产品是否含有转基因成分。

三、日本模式

由于资源的限制，日本对于转基因作物的态度既不能像美国那样宽松，也不能像欧盟那样谨慎，采用的是一种折中的发展模式，对转基因作物采取审慎监管和适度发展的态度。一方面，日本国内不允许商业化种植转基因粮油作物，另一方面又加强转基因技术研发，进口转基因粮油作物。

（一）日本转基因作物的研发

日本真正开展转基因作物研究始于20世纪90年代初，晚于美国、加拿大等国家，但近几年对转基因技术的研发也加大了力度，尤其在制定转基因作物研究的基础研究指针、环境安全评价指针以及商业化转基因食品的标识制度等方面形成了比较完整的实施细则。

日本对转基因作物的研究也投入了较大的财力。目前全日本43个道府县中有34个道府县根据各自的特色针对不同的作物开展转基因技术的基础研究性工作。研发力度最大的转基因作物对象是水稻，主要着眼于抗病性及高产优质等方面。但日本2001年已批准的可作为食品商业化利用的29种转基因作物，全部都是国外企业开发的。

日本在1981年成立政府机构开展生物技术相关研究，本着突出重点领域的立项原则，短期内就取得许多具有世界先进水平的技术和专利。日本在转基因研究方面储备了雄厚的研究实力，早在20世纪90年代初就完成了水稻全基因组的测序，然后充分利用了水稻基因组研究取得的高度，快速推进农业领域重要基因的鉴定和功能分析研究，培育出了大量优良的转基因材料，具备了将转基因技术有效应用于品种改良的良好基础。尽管日本每年在大量进口饲料和粮油原料等转基因农产品，但在本土种植依然有诸多限制，除了种植过蓝色转基因玫瑰外，日本国内几乎没有转基因作物的商业化栽培。日本的绝大多数转基因技术成果还依然停留在学术型成果阶段，没有进行后续的产业化开发（沈平等，2017）。

但进入21世纪后，日本政府采取多种方式，包括突出重点领域的立项原则，短时间内取得更多具有世界先进水平的技术和知识产权；以转基因技术有效利用为目的进行研发，根据需要明确目标，再凭借自身雄厚科技实力和人才优势，日本将转基因技术水平迅速提升，这种提升同时体现在基础研发与新成果的涌现上。日本充分利用了水稻基因组研究取得的高度，快速推进农业领域重要基因的功能分析研究，开发出大量具有优良性状和特殊成分的农业转基因育种材料，具备了将转基因技术有效应用于品种改良的基本条件。然而，作为转基因农作物研究开发主体的国家研究机构，虽然将DNA标识等技术有效应用于品种改良并达到相当水平，但都没有达到产业化开发阶段；而作为转基因基础研究主力的大学，绝大多数转基因技术成果仍停留在学术型成果阶段，还没真正实现向实用化和商业化的主体转让（孙刚，2012）。

日本的研究机构和企业认为转基因监管政策太严格，国内市场排斥转基因产品，大多对转基因技术持消极态度。有的企业和机构已停止了相关研究，但也有一些企业采用在国外开发、种植，回国内销售的策略进行转基因产品的商业化开发（沈平等，2017）。

（二）日本转基因作物的消费

由于日本的消费者对转基因作物持谨慎、担心的态度，尤其是针对转基因作物在生态环境、人体健康方面的影响等顾虑重重。虽然在转基因研究方面取得了一定的进展，但是因为消费者不同程度的反对，商业化的推进相当缓慢。目前，尽管日本没有商业化种植转基因粮油作物，但却允许进口转基因粮油作物，并且在所进口的大豆和玉米中转基因品种所占的比例迅速上升。

（三）日本转基因作物的立法与管理

2003年，日本颁布了《关于规范转基因生物使用规则、确保生物多样性的法律》。以实现产业化为目的，陆续制定并完善了确保转基因技术安全的制度保障体系，1999年公布了《转基因食品标识方法》，从2001年开始根据《食品卫生法》和《农林物质标准化及质量标识管理法》，对转基因农产品实行标识制度。2004年日本食品安全委员会制定《转基因（种子植物）食品安全评估标准》。

日本的管理模式是一种折中的模式。一方面，禁止转基因粮油作物在国内的商业化种植；一方面，又批准转基因作物的进口。日本规定转基因作物及其加工食品进行标识，让消费者自行选择是否购买转基因食品。2001 年，日本颁布了《转基因食品标识法》规定，对转基因作物以及加工后，食品中仍然残留有转基因成分的食品，必须进行转基因标识。对于以转基因作物为原料，但加工后，最终产品不含转基因成分的食品不需要标识。

日本采取中央和地方两层政府协同管理转基因食品的体制。中央政府层面，农林水产省负责转基因作物的进口审批，厚生劳动省负责转基因作物的安全性评价和审批；文部科学省、通产省以及食品安全委员会等部门配合厚生劳动省、农林水产省，进行转基因食品安全规制；地方政府的主要职能是综合协调监管当地的转基因食品问题。

在管理制度方面，日本在 1999 年之前对转基因产品不需要加标签；1999 年之后，为满足消费者对转基因产品加强管理的强烈要求，日本实行强制标识与自愿标识并举的制度，即原料为转基因产品中含有转基因成分的，予以强制标识；如最终产品已经不含转基因成分的，则自愿标识。与欧盟一样，日本设定了转基因食品标识的阈值，其阈值为 5%，即在生产和销售的各个环节，转基因生物与非转基因生物原料都进行了周密的区别性生产流通管理的情况下，食品中转基因成分不足 5%才可以不用标识。日本对转基因食品的监管是进行基于生产过程的管理，同时日本建立了可追溯区别性生产流通管理制度，不仅能够对生产信息进行追溯，还有效保证了转基因标识的真实可靠性，同时维护了消费者的知情选择权。

四、巴西模式

巴西转基因作物种植采取先谨慎后快速放开宽松的模式。在 2005 年之前，对待转基因作物种植持比较谨慎的态度，由于议会对种植转基因问题有争议，没有立法也没有批准转基因作物合法种植。立法通过种植后，快速赶超绝大多数国家，2011 年成为全球种植转基因作物的第二大国家，至此仍然保持全球第二的位置。

（一）巴西转基因作物的研发

巴西2011年成为全球种植转基因作物的第二大国家，2003—2016年，批准了57个进口转基因事件，已经具备了研发、生产及审批新型转基因作物的能力，而且转基因技术成果的成功应用已成为近年巴西经济的增长引擎。2007年巴西颁布支持转基因作物产业化法案，并投资达70亿美元（其中60%来自政府，40%来自企业）开始实施为期10年的专项计划。2009年，巴西农业科学院与德国巴斯夫公司共同研制的耐咪唑啉酮（imidazolinone）除草剂大豆获准商业化种植。2010年拥有巴西自主知识产权的转基因抗病毒大豆获批商业化生产。2015年，由巴西Futura Gene/Suzano公司开发的一种国产桉树获得种植批准，该桉树可提高20%产量。开发的一种抗病毒豆类和一种新的耐除草剂大豆获批于2016年进行商业化。2016年，巴西转基因作物种植面积达4 910万公顷，占全球种植面积的27%。种植的品种主要有大豆、玉米和棉花，三种转基因作物种植面积占全国总面积的93.4%（沈平等，2017）。

（二）巴西法规和管理机制

立法方面。巴西对转基因作物的立法起步相对较晚，但立法位阶和立法密度较高。2005年之前，由于议会对种植转基因问题有争议，没有立法也没有批准转基因作物合法种植。2005年3月24日，巴西总统签署了新的《生物安全法》。按照新法规，在巴西境内从事转基因生物及其产品的研究、试验、生产、加工、运输、储藏、经营、进出口活动都应当遵守法规的规定。

新的《生物安全法》中，对违法行为的处罚十分严厉，分为行政处罚和刑事处罚两种。行政处罚包括警告、罚款、没收转基因生物及其产品、中止注册和许可、部分或全部取消机构、取消或限制税务优惠和国家给予的奖励等12种。有关单位如发生转基因生物及其产品扩散事故时，应在5天内向国家生物技术安全委员会、卫生部、农业部、环保局社团及所有雇佣人员报告可能发生的危险以及发生事故时应采取的措施。对环境破坏的责任人及第三方应负整体和部分的责任，对行为损失进行赔偿。如果违法行为为犯罪或误报，对联邦政府和消费者造成损失的，监管部门应与有关部门联合调查量刑处罚，刑事处罚。生物安全法规定，如果将转基因生物释放到环境，违反国家生物技术安全委员会、注册及监管机构制定的标准，处以1~4年的监禁并进行罚款。

在安全管理机制方面。巴西转基因作物的监管部门主要包括国家生物技术安全委员会、国家生物技术安全理事会、卫生部、农业部、环境部和水产渔业特别秘书处。国家生物安全技术委员会负责监测和评定各项产品的风险指标，对从事转基因产品的化验室、机构和企业进行认证，执行转基因产品销售的审批权，批准转基因生物及其产品的研究试验和用于研究的转基因生物的进口。国家生物技术安全理事会为最终决策机构，成员由11个与转基因有关的部长组成。卫生部负责登记和审批转基因生物及其产品的人类药物、家庭清洁以及相关领域中的产品和活动，并进行监管。农业部负责登记和审批种植业、畜牧业、农业型工业以及相关领域中的转基因生物及其产品和活动，并进行监管。环境部负责登记和审批释放到自然生态系统的转基因生物及其产品，并进行监管。水产渔业特别秘书处，负责登记和审批渔业水产业转基因生物及其产品，并进行监管。开展遗传工程相关的研究和项目时，当转基因生物及其副产品发生扩散事故，内部生物安全小组应该及时通知国家生物安全技术委员会、卫生部、农业部、环境部，并采取必要的方法通知国家生物安全技术委员会、卫生部、农业部、环境部和社团及所有雇佣人员可能发生的危险和应该采取的措施。内部生物安全小组对事故进行调查，在发生事故5天内如实报告给国家生物安全技术委员会（农业部农业转基因生物安全管理办公室，2015）。

第六章 转基因粮油作物商业化概况

一、世界转基因粮油作物商业化总体概况

(一) 全球转基因作物种植的主要格局和品种

自1996年转基因作物商业化种植以来，种植面积不断扩大，地域分布也在悄然发生变化，由最初的发达国家占主导，到发达国家和发展中国家各占“半壁江山”的格局，截至目前，发展中国家赶超领先发达国家。2016年，全球范围内26个国家，包括7个发达国家和19个发展中国家种植了转基因作物，种植面积达1.851亿公顷，大致相当于英国国土面积的8倍。发达国家和发展中国家种植面积分别为0.855亿公顷，0.996亿公顷。按照种植面积排名，前11位的国家转基因作物种植面积均超过100万公顷，排名前6位的国家分别是美国、巴西、阿根廷、加拿大、印度和巴拉圭，其中排名前3位的美国、巴西和阿根廷占总种植面积的78.77%，占据绝对主力地位。种植品种主要为棉花、玉米、大豆、油菜、马铃薯、甜菜、苜蓿、木瓜、南瓜、茄子、烟草和杨树等。

从国别来看，在已商业化种植转基因作物的26个国家中，12个国家属于美洲，占比46%，8个来自亚洲，占比31%，4个来自欧洲，占比15%，还有2个来自非洲，占比8%。就种植面积而言，88%的转基因作物种植在美洲，10%的种植在亚洲，2%种植在非洲，欧洲种植的比例小于1%。26个国家中，种植转基因油料作物的国家21个，分别为美国、巴西、阿根廷、加拿大、印度、巴拉圭、南非、乌拉圭、玻利维亚、澳大利亚、菲律宾、西班牙、墨西哥、哥伦比亚、越南、洪都拉斯、智利、葡萄牙、哥斯达黎加、斯洛伐克、捷克共和国。种植的主要转基因粮油作物品种包括大

豆、玉米、马铃薯、油菜、亚麻（表6-1）。

表6-1　2016年全球转基因作物在各国的种植面积（百万公顷） 和品种**

排名	国家	种植面积（百万公顷）	转基因作物
1	美国*	72.9	玉米、大豆、棉花、油菜、甜菜、苜蓿、木瓜、南瓜、马铃薯、长绿草、亚麻、甜瓜、李子、水稻、烟草、苹果、鲑鱼
2	巴西*	49.1	大豆、玉米、棉花
3	阿根廷*	23.8	大豆、玉米、棉花
4	加拿大*	11.6	油菜、玉米、大豆、甜菜
5	印度*	10.8	棉花、芥末
6	巴拉圭*	3.6	大豆、玉米、棉花
7	巴基斯坦*	2.9	棉花
8	中国*	2.8	棉花、木瓜、杨树
9	南非*	2.7	玉米、大豆、棉花
10	乌拉圭*	1.3	大豆、玉米
11	玻利维亚*	1.2	大豆
12	澳大利亚*	0.9	棉花、油菜
13	菲律宾*	0.8	玉米
14	缅甸*	0.3	棉花
15	西班牙*	0.1	玉米
16	苏丹*	0.1	棉花
17	墨西哥*	0.1	棉花、大豆
18	哥伦比亚*	0.1	棉花、玉米、大豆
19	越南*	<0.1	大豆、玉米
20	洪都拉斯	<0.1	玉米
21	智利	<0.1	玉米、大豆、油菜
22	葡萄牙	<0.1	玉米
23	孟加拉国	<0.1	茄子
24	哥斯达黎加	<0.1	棉花、大豆
25	斯洛伐克	<0.1	玉米
26	捷克共和国	<0.1	玉米、马铃薯
27	布基纳法索	—	棉花
28	罗马尼亚	—	玉米
	总计	185.1	

* 19个种植面积在5万公顷以上的转基因作物种植大国

** 四舍五入为10万

布基纳法索和罗马尼亚2016年转基因作物种植面积不祥，2015年种植面积分别为0.5百万公顷和小于0.1百万公顷

资源来源：Clive James，2015年

（二）转基因作物的种植面积逐年增加

转基因粮油作物的商业化种植始于1996年，在过去的21年中，转基因粮油作物的种植面积逐年增加，呈直线快速上升趋势（图6-1）。21年的累计种植面积首次超过了21亿公顷，这一数字大体相当于美国和中国国土面积的总和。值得强调的是，1996—2016年间，转基因粮油作物种植面积由最初的170万公顷增加到1.85亿公顷，年均增长率为26.43%，21年间增长了108倍，可谓是爆炸式增长，转基因技术因而被称为全球普及最为迅速的生物技术。如表6-2所示，2005年转基因作物累计种植面积达到5亿公顷用了10年时间，但下一个5亿公顷仅历时5年，在2010年就实现了，第三个5公顷的增长仅历时两年多的时间就实现了，增长周期大大缩短，增长速度十分惊人。

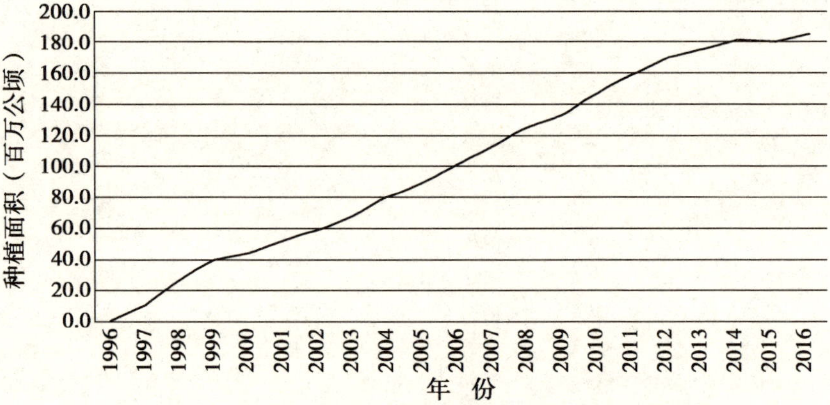

图6-1　1996—2016年全球转基因作物种植面积的趋势

表6-2　1996—2016年全球转基因作物种植面积　（单位：百万公顷）

年份	面积	累计种植面积	增长（%）
1996	1.7	1.7	—
1997	11.0	12.7	547.10
1998	27.8	40.5	152.70
1999	39.9	80.4	43.50
2000	44.2	124.6	10.80
2001	52.6	177.2	19.00
2002	58.7	235.9	11.60

（续表）

年份	面积	累计种植面积	增长（%）
2003	67.7	303.6	15.30
2004	81.0	384.6	19.60
2005	90.0	474.6	11.10
2006	102.0	576.6	13.30
2007	114.3	690.9	12.10
2008	125.0	815.9	9.40
2009	134.0	949.9	7.20
2010	148.0	1 097.9	10.40
2011	160.0	1 257.9	8.10
2012	170.3	1 428.2	6.44
2013	175.2	1 603.4	2.88
2014	181.5	1 784.9	3.60
2015	179.7	1 964.6	-0.99
2016	185.1	2 149.7	3.01

数据来源：ISAAA，2016

（三）发展中国家转基因粮油作物发展迅速，已超越发达国家

无论是发达国家还是发展中国家，转基因粮油作物的种植面积都是不断增加，而发展中国家相对于发达国家，增长更为迅速（图 6-2）。发展中国家转基因粮油作物种植面积占全球转基因粮油作物种植总面积的比例从 1997 年开始逐年增加。其中，1997 年发展中国家转基因粮油作物种植面积占全球转基因粮油作物种植总面积的比例仅有 14%，2003 年提高至 30%，2011 年达到 50%，与发达国家齐头并进，从 2012 年开始这一比例超过发达国家，到 2016 年高达 54%。

（四）越来越多的国家和农户开始种植转基因粮油作物

自从 1996 年开始转基因作物的商业化种植之后，越来越多的国家和农户纷纷加入转基因作物的种植队伍之中。转基因作物商业化种植的国家数目最初仅有 6 个，2003 年增加到 18 个，到 2008 年种植转基因作物的国家达到 25 个，直到 2010 年已经增加到了 29 个国家，2016 年全球种植转基因

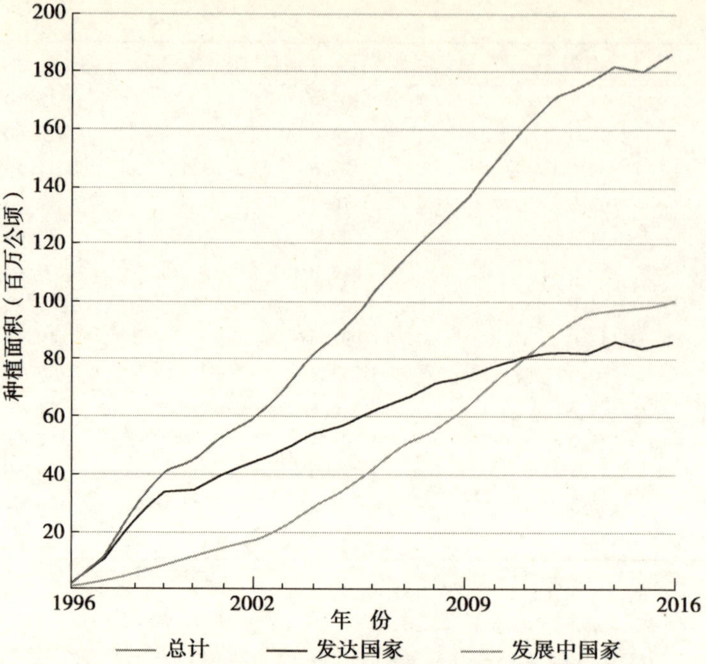

图 6-2　1996—2016 年全球转基因作物种植面积

数据来源：ISAAA

作物的国家数为 26 个，相比 2015 年的 28 个下降了 7%，其中种植转基因粮油作物的国家有 20 个，分别是美国、巴西、阿根廷、加拿大、巴拉圭、南非、乌拉圭、玻利维亚、澳大利亚、菲律宾、西班牙、墨西哥、哥伦比亚、越南、洪都拉斯、智利、葡萄牙、哥斯达黎加、斯洛伐克、捷克共和国。

如图 6-3 所示，全球种植转基因作物农户的数量也是逐年增加，近几年农户增加的速度更加迅速。2007 年转基因种植农户 1 200 万人，2008 年较 2007 年增加了 130 万人，2009 年增加了 70 万人，2010 年同比增加了 140 万人，到 2011 年种植转基因作物的农户数量达到了 1 670 万人，再创历史新高。2016 年，全球种植转基因作物的农户数量达到 1 800 万人，他们来自 30 多个国家，其中 90% 以上是发展中国家资源贫乏的小种植户。并且，2007—2016 年期间，发展中国家种植转基因作物农户数量占全球种植转基因作物农户总数的比例基本维持在 90%以上。

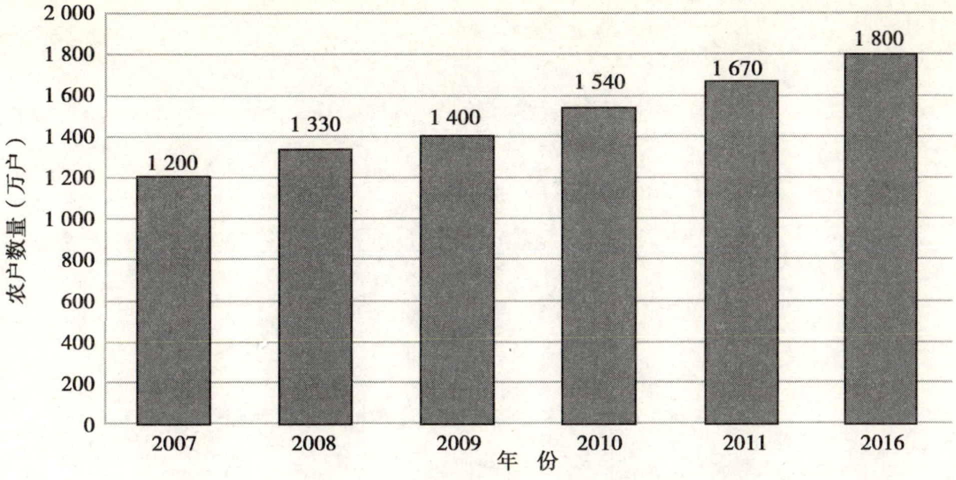

图 6-3　2007—2016 年全球种植转基因作物农户数量

数据来源：ISAAA

（五）转基因大豆和玉米的种植面积增长迅速，占绝对主导地位

目前，主要的转基因粮油作物有转基因大豆、转基因玉米、转基因棉花和转基因油菜，它们号称四大转基因粮油作物。2015 年，这四种转基因作物种植面积几乎等于全部转基因粮油作物种植面积。其中，转基因大豆种植面积达到 8 930 万公顷，占全球转基因作物种植面积的 52%，是头号转基因粮油作物；转基因玉米种植面积为 5 145 万公顷，占全球转基因作物种植面积的 30%；转基因棉花和转基因油菜的种植面积的比例分别为 13% 和 5%（图 6-4）。

（六）不同性状的转基因作物的种植情况

目前，进行商业化种植的转基因作物的性状主要有抗除草剂、抗虫、抗病和复合性状。2016 年，抗除草剂作物、复合性状作物、抗虫害作物是转基因作物的主要性状，占转基因作物的比重分别为 47%、41%、12%（图 6-5）。

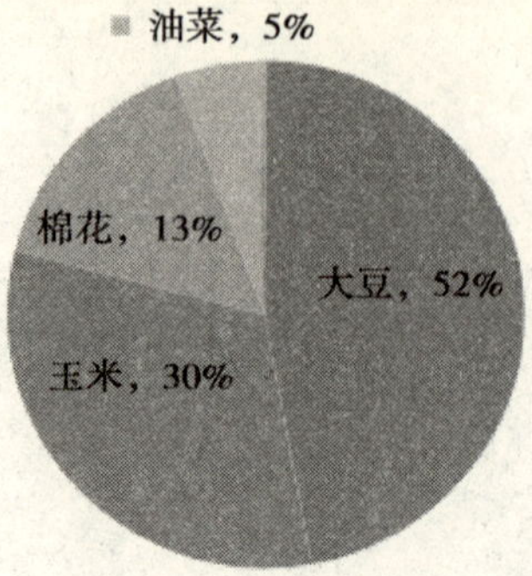

图 6-4　2015 年主要转基因粮油种植面积比例图

数据来源：PG Economics Ltd 2017

注：2015 年除了转基因大豆、转基因玉米、转基因棉花和转基因油菜以外，美国还种植了 455 公顷的木瓜，1 000 公顷的南瓜，45.4 万公顷的甜菜和 130 万公顷的苜蓿，中国种植了 5 000 公顷的木瓜，加拿大种植了 15 000 公顷的甜菜，孟加拉国也种植了 25 公顷的抗病虫害茄子

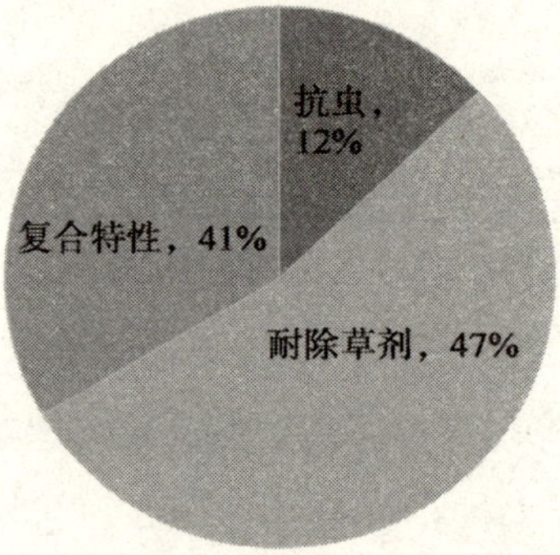

图 6-5　2016 年主要特性转基因粮油作物种植面积比例图

数据来源：Clive James，2016

抗除草剂性状和抗虫性状是第一代转基因性状，研发较早，也是第一批投入转基因商业化种植，被广泛运用在了大豆、玉米、油菜、棉花、甜菜等农作物中。从转基因作物商业化种植以来，抗除草剂性状的转基因作物的种植面积占全球转基因作物种植面积的 50%以上，占有绝对优势。2016 年，抗除草剂性状的种植面积占全球转基因作物面积的 47%，约 8 650 万公顷，抗虫性状的转基因作物种植面积有所下降，占比 12%，而

复合性状的转基因作物的种植面积 7 540 万公顷左右，占总种植面积的 42%。

复合性状是转基因作物的一个日益突出的特色，它满足了农户和消费者的多样化需求。从 2006 年开始，复合性状转基因作物的种植面积逐年递增，占全球转基因作物种植总面积的比例也是不断增加（图 6-6）。特别地，2016 年复合性状的转基因作物种植面积达到 7 540 万公顷，与 2015 年相比，增加了 1 690 万公顷，同比增长了 29%。

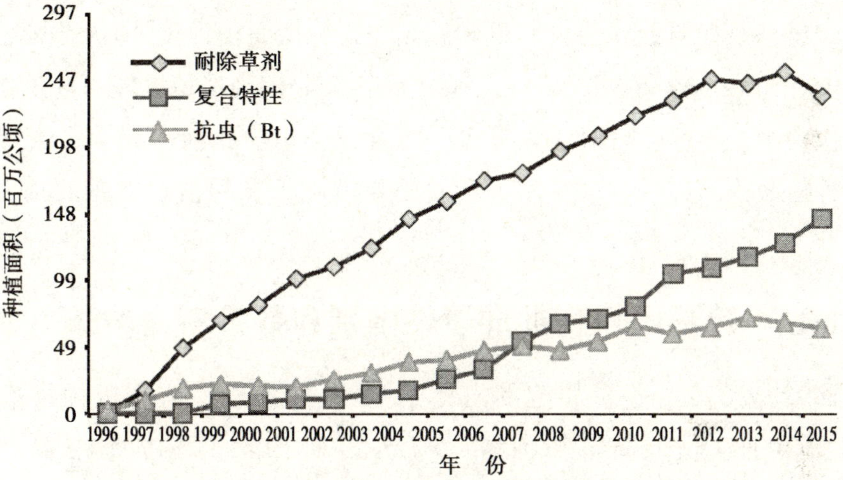

图 6-6　1996—2015 年主要特性转基因作物种植面积

1. 抗除草剂作物

1996—2016 年，抗除草剂作物一直是世界转基因作物的主导品种，但是随着复合性状转基因作物的增加，其种植面积和比重有所减少。以 2016 年为例，全球有 1 700 万 ~1 800 万农民共种植抗除草剂作物 8 660 万公顷，占转基因作物总种植面积的 47%，其主要品种包括大豆、玉米、油菜、棉花、甜菜和苜蓿。美国、加拿大、南非、玻利维亚、菲律宾和澳大利亚当年抗除草剂作物的种植面积有少量增加，而乌拉圭、墨西哥、智利、洪都拉斯等国家的抗除草剂作物的种植面积有所下降，导致 2016 年最终的抗除草剂作物种植面积较 2015 年减少了 930 万公顷。

2. 复合性状作物

全球复合性状转基因作物的种植面积由2015年的5 850万公顷增加至2016年的7 540万公顷，增长了29%，这一增长的源泉主要是阿根廷、巴西、乌拉圭等国家复合性状大豆的种植，美国、乌拉圭、阿根廷等国IR/HT玉米的种植，以及澳大利亚、美国、巴西等国IR/HT棉花的种植。值得一提的是，2016年阿根廷种植了250万公顷的复合性状转基因大豆，较2015年的70万公顷，增加了2.6倍。

3. 抗虫害作物

2016年，全球抗虫害性状的转基因作物种植面积为2 310万公顷，相对于2015年的2 520万公顷减少了8%。这主要是因为全球棉花市场价格的下降，使中国、印度、阿根廷、南非、墨西哥这些棉花种植大国大大减少了棉花种植面积，*Bt*棉花的种植面积自然也就随棉花种植总面积的减少而减少了。

（七）转基因作物批准事件国别和数量不断增长

1992—2016年，世界范围内有40多个国家得到监管机构批准转基因作物用于食物、饲料和种植，涉及29种作物的477个事件，共计3 828个审批事项，其中，用于食物的审批事项1 777个，用于饲料的审批事项1 238个，用于种植的审批事项813个，如图6-7所示。自1992年以来，批准转基因作物的国家数量逐年递增，2014年，这一数量达到峰值40，并且2014年当年批准转基因事件用于食物的数量也达到峰值22。

自20世纪90年代末以来，全球转基因作物的审批事项数量增长迅速，2015年审批事项数量达到峰值，为318个。2016年，转基因审批事项涉及食物、饲料和种植的数量分别为115个、87个、49个，共计251个，这些审批事项涉及16个国家中7种作物的87个转基因事件，其中阿根廷以42个总事件数排在第一位，如表6-3所示。另外，2014年和2015年的转基因审批事项数目均多于2016年，分别为302个和318个。

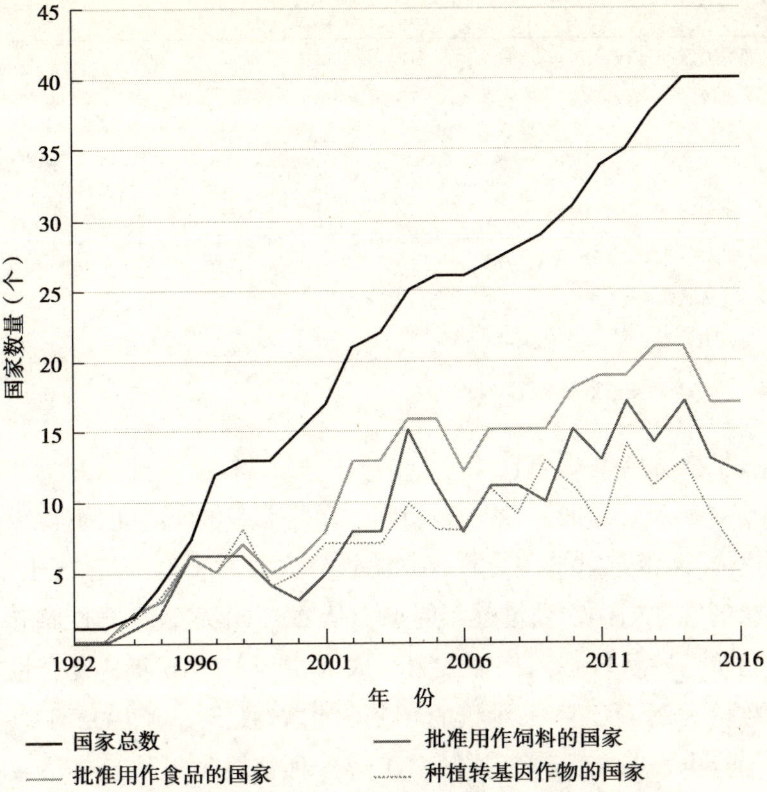

图 6-7　1992—2016 年批准转基因事件的国家数量

数据来源：ISAAA

表 6-3　2016 年各国转基因审批事项个数

	国家或地区	食品	饲料	种植	总计
1	阿根廷	14	14	14	42
2	日本	13	11	11	35
3	澳大利亚	13	10	10	33
4	加拿大	7	7	7	21
5	韩国	9	12	0	21
6	欧盟	9	9	0	18
7	美国	6	6	6	18
8	马来西亚	8	8	0	16
9	中国台湾	11	0	0	11
10	哥伦比亚	9	0	0	9

（续表）

	国家或地区	食品	饲料	种植	总计
11	巴西	1	4	1	6
12	南非	3	3	0	6
13	越南	3	3	0	6
14	新西兰	5	0	0	5
15	新加坡	3	0	0	3
16	印度尼西亚	1	0	0	1
	总计	115	87	49	251

数据来源：ISAAA 转基因审批事项数据库

在所有批准的转基因事件中，分为单一性状和复合性状两类，其数量构成如图 6-8 所示。1992—1999 年期间，单一性状的转基因事件数量增长迅速，但进入 21 世纪以来，其数量波动趋势放缓，基本围绕 25 上下波动。而复合性状的转基因作物数量逐年递增，从 2008 年起，复合性状转基因作物数量反超单一性状转基因作物数量，成为主导。2016 年，复合性状的转基因作物数量远远多于单一性状的转基因作物数，达到 1992 年以来的峰值。这一趋势也表明农民越来越倾向于选择种植成本更低且经济收益更高的复合型转基因作物。

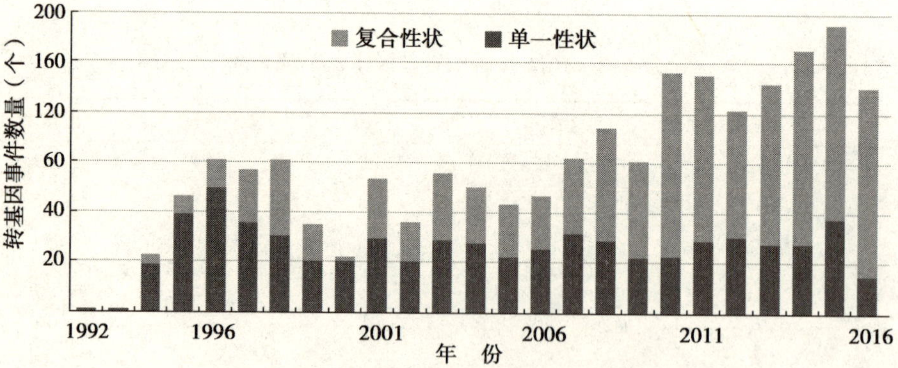

图 6-8　1992—2016 年批准转基因事件的数量

数据来源：ISAAA

二、部分国家不同品种的转基因粮油作物商业化概况

（一）美国

自1996年转基因作物商业化种植以来，美国一直是全球转基因作物种植的领导者。2016年，美国转基因作物种植面积72.92百万公顷，占其国内作物总种植面积的86%。其中，种植的转基因粮油作物包括大豆、玉米、油菜、马铃薯，种植面积分别为31.84百万公顷、35.05百万公顷、0.62百万公顷、0.01百万公顷。2010年，美国国家研究委员会发布的一份关于转基因的独立报告表明，转基因作物的种植为美国带来了巨大收益，相比传统作物，美国农民更愿意种植转基因作物。在1996—2015年的20年里，美国从转基因作物商业化中获利729亿美元，仅2015年就获利69亿美元。

1. 玉米

美国农业部公布的数据显示，2016年美国种植玉米38.1百万公顷，其中转基因玉米种植面积35.05百万公顷，占比92%，在这92%的转基因玉米中，有3%的是抗病虫害品种，有13%的是抗除草剂品种，还有76%的是抗病虫害和抗除草剂的双抗品种。2016年用于食物、饲料、种植的玉米转基因品种MON87419和MZIR098相对于2006年的LY038事件能大大提高玉米产量。另外，美国抗旱型玉米很快在非洲和欧洲得到推广，例如孟山都公司赠送给非洲的节水型玉米MON87460预计在2017年开始在非洲种植。

转基因玉米的种植带来了巨大的经济收益。种植*Bt*玉米不仅减少了害虫侵害，还减少了真菌侵染，间接减少了对健康有严重伤害的真菌毒素污染。在2001—2014年间，转基因玉米使人们获得32亿~36亿美元的效益，其中19亿~24亿美元是来自于“光环境保护效应”。2010年明尼苏达大学的一份报告显示，种植*Bt*玉米对传统玉米也有益处，主要原理在于当田间同时种植*Bt*玉米和常规玉米时，玉米螟幼虫吃了*Bt*玉米后，会在1~2天内死亡，大大减少了害虫数量，大规模种植玉米的美国中西部地区每年减

少损失约10亿美元。

2. 大豆

自1996年以来，抗除草剂大豆是美国第一个也是最成功的商业化转基因种植作物。2016年美国种植大豆33.87百万公顷，其中转基因玉米种植面积31.84百万公顷，占比94%，当年被批准的用于食物、饲料和种植的转基因大豆事件多达24种。1997年以来，越来越多的营养品质得到改善的转基因大豆品种被商业化种植，包括1997年获批的事件260-05，2009年获批的事件DP-305423-1，还有2011年获批的MON87705-6和MON87769。

3. 油菜

美国农业部公布数据显示，2016年，美国油菜种植户种植了69万公顷的油菜，是有记录以来种植面积排行第四的年份，其中的90%，即62.1万公顷是转基因油菜，具有抗除草剂特性，这一比例比2015年提高了5%。2016年美国获批的转基因油菜共有20种事件，包括食用，饲料用和种植，并且自转基因油菜种植推广以来，其产量提高了6%。转基因油菜品种中部分是提高了含油量的品种，例如含有对人体健康有好处的月桂酸品种，包括1994年获批的事件28和事件23，还有1998年获批的事件MPS963。

4. 马铃薯

美国桑普洛公司从英国引进抗腐马铃薯品种后，对其进行了改进，培育出第一代马铃薯变体品种，这种马铃薯具有含糖量低、丙烯酰胺水平低的特性，从而具有较强的抗腐性。2015年，美国获批种植的这种转基因马铃薯的种植面积为160公顷，2016年增长至2 500公顷，增加了近15倍。桑普洛公司称大约4千万英镑的马铃薯被销往35个国家的消费者手中，相当于马铃薯总销量的1%。2015年，第二代马铃薯变体诞生，二代马铃薯的抗腐特性更强，不易长斑和氧化。2016年10月，美国农业部批准二代马铃薯的两种变体在2017年种植。值得一提的是，马铃薯枯萎和腐烂问题是困扰全球马铃薯种植者的大问题，特别是地处潮湿气候的地区。而转基因马铃薯新品种能够减少45%的真菌喷雾剂的使用量并有效控制枯萎、腐烂问题，还能提高15%的产量，达到全天候保护农户田间种植的马铃薯的目的。

另外，仅就美国而言，每年大约有31%约1.33亿英镑的食物被浪费，甲烷排放量的18%也来自于垃圾填埋场，而抗氧化苹果和抗氧化马铃薯是首批被用于处理食物浪费的转基因作物。

（二）欧盟

自1998年以来，欧盟转基因作物的种植被限制在少数几个国家范围内。2014年，欧盟只批准了两种转基因作物进行商业化种植，分别是美国孟山都公司的MON810玉米和德国巴斯夫公司的Amflora马铃薯。由于欧洲国家政府和民众普遍不支持转基因作物，欧洲转基因产品商业化的前景不佳，孟山都公司和巴斯夫公司均放弃了在欧洲推广转基因的计划。2016年，欧盟仅西班牙、葡萄牙、捷克共和国和斯洛伐克4个国家被批准种植转基因玉米事件MON810，这是唯一被欧盟批准种植的转基因事件。2016年欧盟4个国家种植转基因作物的面积共13.64万公顷，其中西班牙12.91万公顷，葡萄牙0.71万公顷，捷克共和国75公顷，斯洛伐克138公顷。相对于转基因作物种植，欧盟对转基因作物进口的政策要宽松得多。自1998年以来，共有95种进口转基因事件被欧盟批准用于食用、饲料和加工。2016年，有18种转基因产品被欧盟批准用于食用和饲料，包括抗虫害玉米和抗除草剂大豆。

（三）巴西

2016年，巴西以4 910万公顷的转基因作物种植面积保持了它在全球转基因作物种植排名榜中第二的地位，占当年全球转基因作物种植总面积的27%，其中包括3 270万公顷左右的转基因大豆，1 570万公顷的转基因玉米和70万公顷左右的转基因棉花。在2003—2016年期间，巴西共批准57个转基因事件的进口用于食物、饲料、加工和种植，这57个转基因事件涵盖33个玉米事件，12个棉花事件，10个大豆事件，1个菜豆事件和1个桉树事件，在2016年批准了1个玉米转化事件用于食用、饲料和种植。

1. 大豆

在巴西，转基因大豆的种植面积居转基因作物种植面积排行榜的榜首。

2016 年转基因大豆种植面积为 3 269 万公顷，其中包括 1 243 万公顷的抗除草剂（HT）大豆和 2 025 万公顷双抗（IR/HT）大豆，占巴西大豆总种植面积的 96.5%，占总的转基因作物种植面积的 66.5%。

2. 玉米

玉米是巴西第二大转基因种植作物，2016 年转基因玉米的种植面积为 1 567 万公顷，包括 528 万公顷的夏季玉米和 1 039 万公顷的冬季玉米，若按照抗虫害和抗除草剂分类，则包括 367 万公顷的 IR 玉米、68 万公顷的 HT 玉米和 1 132 万公顷的 IR/HT 玉米。2016 年，由于巴西国内玉米价格颇高，因而被预测将超过大豆成为最能盈利的作物。为了支持国内的牲畜产业，巴西允许从阿根廷、巴拉圭和美国进口玉米，并且 2016 年 10 月，国家生物技术安全委员会批准从美国进口三种转基因玉米事件，分别是 Syngenta3272、MON87460 和 MON87427。据有关报道，巴西马托格罗索州在 2016 年也扩大了玉米乙醇的生产。

在过去的 20 年里，巴西通过种植棉花、玉米、大豆受益颇多。一份报告指出，1996—2012 年间，巴西因为转基因技术在农业中的应用，给转基因作物种植者和经营转基因产品的工商业者带来 248 亿美元的收益。另一份年度全球研究报告指出，2003—2015 年间，巴西从转基因作物种植中获利 164 亿美元，仅 2015 年就获利 25 亿美元。

（四）阿根廷

自 1996 年首次引进抗除草剂大豆以来，阿根廷一直在转基因作物种植中占据领导地位。2016 年，阿根廷转基因作物种植面积为 2 381 万公顷，较 2015 年的 2 449 万公顷有所减少，但仍然保持着世界转基因作物种植面积排行榜第三的地位，占全球转基因作物种植面积的 13%。在这 2 381 万公顷的转基因作物中，包括 187 万公顷的转基因大豆、474 万公顷的转基因玉米和 38 万公顷的转基因棉花。阿根廷是 1996 年首批使转基因作物商业化的六大国家之一，当年商业化的转基因作物包括 RR 大豆和 *Bt* 棉花。在 2009 年之前的 13 年里，阿根廷一直是继美国之后排行世界第二的转基因作物种植国家，2009 年之后，才被巴西超越，位居世界第三。但一直以来，阿根廷都在改进和完善转基因作物的品质，也实现了其市场份额的增加。1996—2016 年间，阿根廷批准进口的转基因作物产品共有 47 种，包括 4 个转基因棉花事件，35 个转基因玉米事件，8 个转基因大豆事件。仅 2016 年一年，就有 6 个转基因玉米事件被批准用于食物、饲料和种植。另外，2015 年获批准的由阿根廷当地培育的转基因抗旱大豆和抗病虫害马铃薯也标志着阿根廷发展转基因作物能力的提升。

1. 大豆

2016 年，阿根廷种植了 1 870 万公顷的转基因大豆，占全部转基因作物的 78%，其中 1 618 万公顷是 HT 大豆，另外 252 万公顷是 IR/HT 大豆。美国农业部指出，2016 年阿根廷转基因大豆面积较 2015 年的 21. 1 百万公顷有所降低，原因在于转基因玉米和向日葵的种植。2015 年，阿根廷农业部批准了抗旱抗盐碱转基因大豆品种的种植。此外，2015 年还批准了一种油酸含量高的转基因大豆，这也是目前唯一一个专门针对健康意识较强的消费者而研发的转基因大豆品种。

2. 玉米

2016 年，阿根廷种植了 490 万公顷的玉米，其中 474 万公顷的是转基因玉米，包括 43 万公顷的 IR 玉米，62 万公顷的 HT 玉米和 370 万公顷的 IR/HT 玉米。1998 年阿根廷引进转基因抗虫害（IR）玉米，2004 年引进抗除草剂（HT）玉米，2007 年又引进 IR/HT 玉米，到 2016 年，转基因玉米中 78%的是 IR/HT 玉米品种。

据布鲁克斯和巴福特的估计，在 1996—2015 年的 20 年间，阿根廷转基因作物商业化使农民增收约 211 亿美元，仅 2015 年一年增加的收入就达到 12 亿美元。学者 Trigo 2016 年一项综合研究报告指出，1996—2016 年转基因作物大豆、玉米和棉花的商业化给阿根廷带来的收益约 1 269. 7 亿美元，而他之前的一项研究中提到 1996—2010 年的这一数字为 723. 63 亿美元，即 1996—2016 年转基因作物商业化带来的收益较 1996—2010 提高了 75%。在获益的 1 269. 7 亿美元中，有 66%的收益由农民享有，26%的收益由政府享有，还有 8%的收益归生产要素供应商所有。分作物品种来看，2015 年，阿根廷大豆产值 1 183. 6 亿美元，占阿根廷 GDP 的 25%；抗虫害和抗除草剂玉米产值 55.11 亿美元，农民、政府和转基因技术供应者获益分别占 45.2%、17.78%、37.1%。

（五）澳大利亚

澳大利亚的农业科技发达，是率先推广转基因作物种植的国家之一，早在 1996 年，澳大利亚就开始转基因棉花的商业化种植，转基因棉花的品种也从单一性状的 HT 棉花或 IR 棉花转向 IR/HT 复合棉花品种，转基因棉花的种植大大减少了农药的使用量，对环境保护起到了重要作用。随着转基因棉花的成功推广，转基因油菜也在澳大利亚被批准种植，2008 年，转基因油菜首先在新南威尔士州和维多利亚州种植，2009 年在西澳大利亚州进行田间试验种植，2010 年首次允许商业化种植。澳大利亚转基因产品的进口主要是来自美国和巴西的转基因大豆及其制品，出口的转基因作物主要是棉花和油菜，澳大利亚是世界上第三大原棉出口国，出口国家主要是中国、日本、泰国、马来西亚等亚洲国家。油菜籽是澳大利亚主要油料作物，澳大利亚从 2008 年开始转基因油菜的商业化种植。2016 年，澳大利亚在全球转基因作物种植面积排行榜中排名第 11 位，种植面积 85.2 万公顷，其中 40.5 万公顷的转基因棉花，另外 44.7 万公顷是转基因油菜。截至 2016 年，澳大利亚共批准 119 个转基因事件用于食物、饲料和种植，包括 3 个苜蓿事件，21 个阿根廷转基因油菜事件，12 个康乃馨事件，24 个棉花事件，27 个玉米事件，10 个马铃薯事件，1 个水稻事件，1 个玫瑰事件，17 个大豆事件，2 个甜菜事件和 1 个小麦事件。2016 年，澳大利亚批准用于食用的转基因事件包括 IR/HT 玉米，抗虫害大豆，还有 7 个转基因油菜事件被批准用作食物、饲料和种植。

目前，澳大利亚有超过 1 000 户的农民种植转基因油菜，其中 180 多户的农民是第一次种植转基因油菜。2016 年，澳大利亚种植转基因油菜 44.8 万公顷，全部为抗除草剂油菜，占其国内油菜总种植面积的 23%，这些转基因油菜主要种植在新南威尔士州、维多利亚州和西澳大利亚州，面积分别为 34.6 万公顷、4.66 万公顷、5.51 万公顷。根据澳大利亚油料联合会 2016 年的数据显示，澳大利亚 2016 年油菜种植面积为 195 万公顷，较 2015

年的200万公顷减少了2%，但转基因油菜的种植面积却增加了1.1万公顷，所占比重由2015年的22%增加到2016年的23%。据布鲁克斯和巴福特的一项研究显示，自2008年以来，转基因技术使澳大利亚油菜的产量提高了近11%，约增加了22.6万吨的油菜产量。

1996—2015年期间，转基因作物使澳大利亚的农业收入增加10亿美元，仅2015年就增加了0.73亿美元。2016年澳大利亚的转基因作物种植比例由2015年的30%增加至36%，这一增长主要来自转基因棉花种植面积的增加，转基因油菜的种植面积较2015年略微减少。转基因作物种植农户提到，他们希望有更多的自主选择权，来决定种何种作物和各种作物种植面积的多少。

（六）南非

南非商业化转基因作物包括玉米、棉花和大豆，这些转基因事件主要来自美国，其性状有抗虫害、抗除草剂和复合性状。南非自1998年第一次种植转基因抗虫棉花以来，转基因作物种植的品种和面积不断增加，截至2016年，南非共批准70种转基因事件的种植，包括5个阿根廷油菜转基因事件，10个棉花转基因事件，42个玉米转基因事件，1个水稻事件和12个大豆转基因事件。2016年种植的266万公顷转基因作物中，其中包括216万公顷的转基因玉米，49.4万公顷的转基因大豆和0.9万公顷的转基因棉花。

1. 玉米

玉米是南非的主要农田作物，包括用于食用的白玉米和用于饲料的黄玉米。2016年，南非转基因玉米的种植面积为216万公顷，其中，42万公顷的抗虫害玉米，40.7万公顷的抗除草剂玉米，133万公顷的复合性状玉米，按照玉米品种划分的话，其中52%的是转基因白玉米，剩下48%的是转基因黄玉米。玉米是南非和南非发展委员会地区最重要的主食，而严重的干旱使这些地区的农作物大量减产。2016年早期报告粗略计算，南非2015年玉米需求量为1 050万公顷，国内产量750万公顷，其中300万公顷的缺口需要依赖进口，并且白玉米的进口只能从美国、墨西哥等少数几个国家进口。随着转基因技术的应用，在过去20年里，南非玉米的产量翻了一番。2015年6月，南非批准抗旱和抗虫害玉米的种植，目前南非还和肯尼亚、坦桑尼亚和乌干达等国家合作，研发和推广抗旱型玉米。

2. 大豆

南非自2011年开始种植转基因大豆，2016年，南非种植大豆面积为52万公顷，较2015年减少3%，主要原因是干旱，52万公顷的大豆里有95%，约49.4万公顷的大豆是转基因大豆。专家预测南非转基因大豆的种植面积仍有增长趋势，因为其国内对油料加工业的投资在不断增加。美国农业部2016年发布的数据表明，由于大豆作为轮作作物的优势以及农民加工粉碎大豆能力的增长，2016—2017年南非大豆的种植将增加39%左右。南非油料工业办公室一直在支持新的转基因大豆品种的进口，并提供资金促进油料工业的发展。

据布鲁克斯和巴福特的估计，1998—2015年期间，南非通过转基因作物获得的经济收益为21亿美元，仅2015年就获利2.37亿美元。2016年年底，由于气候和水资源条件的改善，南非增加了转基因玉米的种植，继而使转基因作物种植总面积得到增长。但是，由于大豆播种期的干旱，转基因大豆的种植面积较2015年有所减少，转基因棉花也由于市场价格的降低而减少了25%的种植面积。2016年年底降雨量的增加，让人们相信南非会继续增加转基因作物的种植，因为其国内大豆加工业的发展和食用、饲料用玉米需求的增长旺盛，加上抗旱型玉米和来自阿根廷的抗除草剂大豆将在南非应用推广。还有，随着全球棉花价格的反弹，转基因棉花的种植面积将再次增加。

（七）韩国

韩国对转基因农产品的法律法规体系目前尚未建立和健全，虽然其国内的科研机构培育出了一些转基因作物，但却未商业化种植。但国内对农产品食用和饲料用的需求大于自身供给，因此也依赖国外转基因农产品的进口，美国也因此成为韩国转基因谷物和油料的最大供应商。2013年，韩国进口870万吨玉米，几乎2/3以上是转基因玉米，其中680万吨用于饲料，190万吨用于食品加工。由于转基因玉米相对于传统玉米，市场价格的竞争力优势明显，所以很多食品加工商不顾消费者和政府的压力仍用转基因玉米作为原料加工。除了玉米之外，韩国还大量进口了转基因大豆及其制品，以2013年为例，韩国从美国、巴西、印度和中国进口豆粕共170万吨。

（八）菲律宾

菲律宾的生物技术研究和商业化一直处于东南亚地区的前沿水平，它拥有完善的以科学为基础的转基因政策监管体系，也是东南亚国家联盟（ASEAN）区域内首个建立转基因作物监管体系的国家。然而转基因作物在菲律宾得到许可并应用也经历了一个漫长的过程，起初，转基因作物颇受争议，农户、消费者、学者以及循环部门联合体这些社会组织意见不一，最终耗时三个月达成了初步统一意见。未来更多转基因品种的引进将受到循环部门联合体的监管，菲律宾政府也一直努力让其自身的监管部门进入该联合体，促进转基因技术的应用与推广。

2002年以来，菲律宾批准的用于直接食用、饲料和种植加工的转基因作物事件共88种，包括2个苜蓿事件，2个油菜籽事件，8个棉花事件，52个玉米事件，8个马铃薯事件，1个水稻事件，14个大豆事件，1个甜菜事件，但是被批准商业化种植的只有13个转基因玉米事件。自2003年批准商业化种植转基因玉米开始，菲律宾一直致力于促进转基因产品商业化的发展以及政府部门和私人的合作，就像双方已经在黄金水稻、*Bt*茄子、抗病毒木瓜和*Bt*棉花上实现的合作一样。

2003—2015年期间，转基因玉米的种植使农民收入累计达到6.42亿美元，仅2015年转基因玉米就给菲律宾国内的农民带来0.82亿美元的收入。2015年，由于气候条件不佳，加上全球玉米市场价格的低迷，菲律宾转基因玉米的商业化速度放缓，但2016年局势迅速好转，转基因作物的种植面积和比例都有所增加。2016年，菲律宾在全球转基因作物商业化排行榜中排名第12位，当年转基因玉米的种植面积为81.2万公顷，比2015年的70.2万公顷提高了16%，转基因玉米的种植比例也由2015年的63%增加至

2016年的65%，这一方面得益于当地气候条件的改善，另一方面在于当地牲畜饲料需求和初级饲料加工原料的需求。

三、我国转基因作物商业化概况

我国是世界上较早开始转基因作物种植的国家，与美国、加拿大、阿根廷相似，我国是世界六大转基因作物创始国家之一，在1996年，即全球首次进行转基因作物商业化的年份，我国开始了转基因作物的商业化。1996年，开始*Bt*棉花的商业化种植，随后转基因番茄、抗病毒木瓜、转基因白杨、抗病毒矮牵牛花、抗病毒甜椒等品种陆续被批准商业化种植。自1997年以来，我国一直是世界上种植抗虫害*Bt*棉花的领导者，类似的转基因作物还包括木瓜、杨树和一些蔬菜。2016年，我国种植了278万公顷的抗虫害棉花，8 550公顷的抗病毒木瓜，543公顷的抗虫害*Bt*杨树，这三种转基因作物的种植总面积为279百万公顷，占国内三种作物种植总面积的95%。我国自1994年以来，批准用于食物、饲料和种植的转基因作物事件共60种，包括12个阿根廷转基因油菜事件，10个转基因棉花事件，17个转基因玉米事件，1个木瓜事件，1个矮牵牛花事件，2个杨树事件，2个水稻事件，10个大豆事件，1个甜菜事件，1个甜椒事件和3个西红柿事件。值得一提的是，在转基因粮油作物方面，我国还没有投入商业化种植。虽然2014年12月11日农业部重新发放了转抗虫基因水稻和转植酸酶基因玉米的生产应用安全证书，但尚未出台转基因作物品种审定办法，因此转基因粮油作物离商业化还较远。

（一）我国转基因作物种植概况

1. IR（*Bt*）棉花

自1996年我国开始推广转基因抗虫害棉花以来，转基因棉花面积不断增长，由1998年的26万公顷增长至2015年的380万公顷，增长了12倍多。2008年以来，IR棉花的种植占种植总面积的比率如表6-4所示。2016年，我国种植棉花的面积为292万公顷，较2015年的380万公顷减少了

23%，引起这一变化的主要原因是 2015 年以来棉花价格的走低和高涨的储备率，美国等一些其他国家的情形恰恰相反，棉花种植面积在不断增长。在这种趋势下，我国转基因棉花种植面积也有所减少，转基因棉花种植面积占全国棉花种植总面积的比例由 2015 年的 96%降至 2016 年的 95%。

表 6-4　2008—2016 年 IR 棉花占棉花种植总面积的比例

年份	2008	2009	2010	2011	2012	2013	2014	2015	2016
占比	68%	68%	69%	71.5%	80%	90%	93%	96%	95%

2. 抗病害木瓜

2016 年，我国种植抗 PRSV 木瓜 8 550 公顷，较 2015 年的 7 000 公顷增加了 22%左右，主要原因在于 2015 年受 2014 年木瓜市场供过于求的影响，减少了种植面积。我国转基因木瓜的种植地主要在广东省，2012 年以后少量种植在海南省。这种抗 PRSV 木瓜品种是由华南农业大学研发出的，其病毒复制酶基因能有效对抗当地 PRSV 病毒。2006 年 9 月，我国转基因安全委员会同意了这项技术审批和商业化应用，并在国内广泛用于水果作物中。

3. 转基因抗虫害杨树

我国转基因 IR 杨树是从 2003 年开始种植，2013—2016 年间，我国共种植 543 公顷，这很大程度上为我国每年 3.3 亿~3.4 亿立方米的木材需求提供了有效供给。转基因杨树的研发工作由国家林业局的下属单位北京林业局负责。转基因杨树已经在实践中被证明能有效抵抗传播速度非常快的虫害，这一特性也促成了其与虫害棉花的间作种植。

（二）我国转基因作物进口情况

除了部分作物的商业化种植之外，我国还批准了转基因大豆、转基因玉米、转基因棉花和转基因油菜作为原料进口。但是我国法律规定，进口用做加工原料的农业转基因生物，不得改变用途，即不得在国内种植。2010 年中国批准的商业化转基因农作物作为食品加工原料的有 12 种，分别是大豆、玉米、棉花、油菜、番茄、西葫芦、甜瓜、番木瓜、甜菜、亚麻、马铃薯、甜椒，其中除了木瓜以外，多数并未出现在市场上，目前国内市场上多数木瓜都是转基因产品。2011年中国已为耐贮藏番茄、抗虫棉花、改变花色矮牵牛、抗病辣椒（甜椒、线辣椒）、转基因抗病番木瓜、转基因抗虫水稻和转植酸酶玉米7种转基因植物批准发放了农业转基因生物安全证书。此外，还批准了转基因棉花、大豆、玉米、油菜等4种作物的进口安全证书。2012年我国有包括大豆、棉花、玉米、油菜在内的12种转基因农作物品种通过审批，主要转基因特征为抗虫和抗除草剂。2013年，中国又获批进口的转基因农作物包括三种大豆、两种玉米和两种棉花，进口有效期自2013年至2016年或2018年不等。三种大豆转基因特征分别为抗除草剂、抗虫和耐除草剂，获批时间为2013年6月6日。两种玉米的特征为耐旱和品质改良，两种棉花的特征为抗除草剂和抗虫。以上7种作物的用途均为加工原料，进口渠道包括孟山都远东有限公司、先正达农作物保护股份公司和巴斯夫农化有限公司。其中，孟山都远东有限公司为转基因作物进口大户，2012年至今获批的大部分进口转基因农作物都由其送审。

随着被批准进口的转基因事件数的增多，我国转基因产品进口数量也在逐年增长。以大豆为例，2016年我国从巴西、美国、阿根廷等国家进口大豆8 391万吨，其中98%以上是转基因大豆。另外，棉花进口量虽然有下降趋势，但是进口棉花中90%以上是转基因棉花。

（三）我国转基因作物商业化基本情况

自2015年以来，习近平总支书记一直强调，要支持转基因作物的研发，政府还设立了转基因作物项目，每年至少投入30亿美元支持本土转基因作物的研发和推广，主要包括抗病和抗旱型小麦，抗病水稻，抗旱玉米，高油大豆和转基因花生。值得一提的是，我国转基因作物技术的一个特征在于我国私人种子公司的出现，其不仅对转基因技术的研发进行管理和引导，还提供着传统种子和转基因混合种子。其中一家种业公司叫奥瑞金公司，该公司成立于1997年，负责研发和生产传统的非转基因种子和转基因种子。并且该公司还有权从中国农业科学院获得转植酸酶玉米，该技术由农业部于2009年11月27日颁发了安全证书。到目前为止，我国批准投入商业化种植的转基因作物只有两种，一是转基因抗虫棉花，二是转基因抗病毒番木瓜。除了棉花及番木瓜外，我国还批准进口用作加工原料的转基因作物，包括大豆、玉米、油菜、棉花、甜菜。

（四）我国转基因作物的效益分析

抗虫害棉花等转基因作物的种植给我国带来了巨大的经济收益，不仅减少了杀虫剂的使用，提高了产量，还减少了劳动力的投入，进一步降低了生产成本。据布鲁克斯和巴福特的估计，1997—2015年期间，转基因棉花的种植使农民收入增加了186万美元，仅2015年一年就给农民增收10亿美元。中国农业政策研究中心的研究表明，以田块为单位，抗虫害棉花平均每单位增产10%，减少60%的杀虫剂的使用量，这不仅有利于农民的身体健康，还对环境有积极的影响。同时，每公顷转基因棉花能给农民增收220美元，这对于改善每天平均收入仅1美元的棉花种植户的生活条件来说无疑具有重大意义。北京一家技术检测机构的研究表明，转基因棉花的种植改善了我国农户的健康，这主要是因为抗虫害棉花大大减少了杀虫剂等农药的使用。虽然目前的研究表明农药草甘膦成分对人体健康无害，但是不含草甘膦成分的除草剂被证明能减少肾功能障碍。这一研究结果表明转基因作物导致含草甘膦成分的农药将被替代，这无疑有益于我国及世界其他国家农民的身体健康，反过来，也会促进转基因作物的进一步发展。

第七章　已商业化转基因粮油作物效益分析

一、全球转基因作物市场价值

1996—2016 年期间，全球转基因作物市场价值由 1996 年的 9.3 万美元到 2016 年的 1 581.6 万美元（图 7-1），年均增长 29%，21 年间市场价值增长了 107 倍。据作物鉴别中心的估计，2016 年全球转基因作物的市场价值约 158 亿美元，较 2015 年的 153 亿美元增加了 3%，相当于 2016 年全球作物保护市场总价值 735 亿美元的 22%，全球商业化种子市场价值的 35%。这 158 亿美元的市场价值组成包括：84 亿美元的转基因玉米，55 亿美元的转基因大豆，13 亿美元的转基因棉花，4.2 亿美元的转基因油菜，2 亿美元的其他作物，转基因粮油作物的价值高达 143.2 亿美元，占转基因作物的 90.6%。

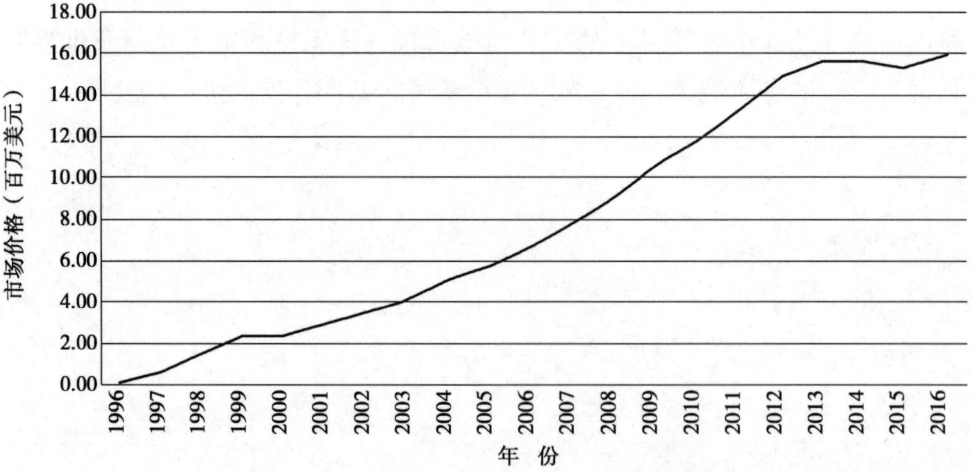

图 7-1　1996—2016 年全球转基因作物市场价值

二、经济效益

利用转基因育种技术培育出来的转基因作物，由于具有一定的优势性状，要么能抵御一定的自然灾害，减少产量的损失，要么自身产量较高，使得产量比传统作物高，而且还可以减少农民的农药等化学药品的投入和劳动力的成本投入，给农民带来持续可观的经济效益。1996—2015 年期间，全球转基因作物给农民带来约 1 678 美元的收入增长，其中，作物生产成本降低的贡献率为 28%，产量增加的贡献率为 72%。仅 2015 年，转基因作物就带来 154 亿美元的收益，生产成本降低和产量增加的贡献率分别为 15%、85%。

（一）提高单产增加产量

抗虫性状和抗病性状的转基因作物，由于本身可以抵御虫害和疾病，能有效地减少因虫害和疾病造成产量的减少，从而达到提高粮食产量的目的。还有一些复合性状的转基因作物则是通过改善自身的品质，来达到提高产量的目的。关于转基因作物能够提高农作物的产量的争议较少，并且不少研究已经证实了转基因技术能够有效地提高农作物的产量。其中，美国农业部经济研究（USDAERS）所利用 2001 年的调查数据进行研究发现，抗虫玉米与传统玉米相比，单产能够提高 9%。墨西哥玉米小麦改良中心培育出了一批矮秆小麦品种，使小麦产量从每公顷 3~5 吨，提高到 8~9 吨，使墨西哥从原来的一个小麦进口国变成出口国。菲律宾国际水稻所，培育出一批水稻矮秆品种如“IR8”等，使水稻单产成倍增加，每 667 平方米产量达 500 千克以上。1996—2015 年间，全球转基因作物给农民带来约 1 678 美元的收入增长，其中 72%的贡献率来自产量增长。2010 年全球种植转基因作物总收益的 76%是由于产量增加 4 410 万吨产生的。在四大转基因作物（大豆、玉米、棉花、油菜）中，玉米产量在过去 20 年里实现了 3 560 万吨的增长，排在首位，而大豆在 2015 年以 170 万吨的增长幅度位居当年转基因作物榜首。另外，三大主食作物（水稻、小麦、马铃薯）的抗虫害和抗病性状也在不断改进，进而减少田间损耗增加产量。这三大转基因主食作物一旦在发展中国家商业化种植，将在保证国家粮食安全中发挥重要作用，这也是世界粮食产量在未来 20 年提高 40%、到 2050 年提高 70%的伟大目标面临的主要挑战。

（二）减少生产成本

抗虫、抗除草剂以及抗病性状的转基因作物，由于本身就具有一定的抵御能力，就不需要再喷洒农药、除草剂等，不仅节省了农药等物资成本，还可以减少农民喷洒农药、除草等劳动力用工。转基因作物在 1996 年至 2010 年，15 年间在全球产生了大约 780 亿美元的农业经济收益，其中 40%是由于减少耙犁、杀虫剂喷洒、劳动力等生产成本所得的收益。2010 年的全球种植转基因作物总收益的 24%是由于减少生产成本。2015 年，转基因作物带来 154 亿美元的收益，收益的 15%是由于减少生产成本。

根据英国咨询公司 PG Economics 最近的数据分析结果，1996—2013 年间，与转基因作物相关的农药使用量下降了 8.6%。除了抗除草剂甜菜的农药用量反而增加外，其他抗虫和抗除草剂的作物的农药用量均有所减少，并且抗虫玉米农药的使用量减少得最多，下降了 52.8%。结果显示，这段时期内，全球杀菌剂和杀虫剂的使用量一共下降了 55.3 万吨。预计未来几年仍将保持下降态势（表 7-1）。

表 7-1　1996—2013 年全球转基因作物农药使用量变化一览

品种	原药使用变动量（吨）	原药使用变动率（%）	环境影响变动率（%）
HT 大豆	-2 290	-0.1	-14.5
HT 玉米	-210 500	-9.3	-13.5
HT 棉花	-21 300	-7.2	-9.5
HT 油菜	-18 400	-16.5	27.9
HT 甜菜	1 700	31.2	-0.8
IR 玉米	-71 650	-52.8	-53.1
IR 棉花	-230 100	-27.2	-29.6
总计	-552 540	-8.6	-19.1

资料来源：PG Economics

三、生态环境效益

（一）提高土壤质量，减少农药环境污染

长期使用农药化肥等化学试剂，会改变土壤的盐碱化，降低土壤的质量，从而减少作物产量甚至影响农作物的正常生长。据报道，农药使用后有80%～90%的用量最终进入土壤。如果农药使用量超过土壤的净化能力，从而使农药在土壤环境中逐渐积累，就会污染土壤、地表水和地下水。抗虫和抗除草剂性状的转基因作物，能有效地降低农药的使用量，还能对农田进行保护性耕作，提高土壤的质量。种植抗虫转基因作物，显著减少杀虫剂喷洒。1996—2015 年，杀虫剂活性成分累计减少了 6.19 亿千克，节省了 8.1%的杀虫剂。根据环境影响指数（EIQ）的测量，这相当于减少了 19.0%具有相关环境影响的杀虫剂。仅 2013 年，就减少了 4 950 万千克，相当于节省了 8.6%的杀虫剂及 19.5%的 EIQ。仅 2014 年，就减少了 4 040 万千克，相当于节省了 6.4%的杀虫剂及 17.6%的 EIQ。仅 2015 年，就减少了 3 740 万千克，相当于节省了 6.1%的杀虫剂及 18.5%的 EIQ。

（二）减少温室气体的排放

温室效应是各国政府关注的热点问题。主要是由于化石燃料等燃烧产生了大量的二氧化碳等温室气体，使得全球气温上升。全球气候变暖对农作物环境适应能力提出重大挑战，转基因作物的种植，可以间接减少温室气体的排放，从而达到保护环境的作用。转基因作物的种植一方面可以通过减少农药化肥和除草剂的使用量，从而减少了生产过程中化石燃料的使用量，降低了二氧化碳的排放量；另一方面可以通过使用耐除草剂转基因作物带来的少耕或免耕等保护性耕作，吸存土壤中的碳，减少二氧化碳的排放量。1996—2015 年间，除草剂和农药使用量约减少 98.21 亿升化石燃料的使用量，间接减少二氧化碳等温室气体排放量约 262 亿千克。据估计，2007 年，由于种植转基因作物减少二氧化碳排放量约 110 万吨，相当于 50

万辆汽车的排放量。保护性耕作引起土壤碳的吸存量为 1 310 万吨二氧化碳，相当于 580 万辆汽车的排放量。2010 年减少了 170 万吨二氧化碳的排放，相当于 80 万辆汽车的排放量。保护性耕作引起土壤碳的吸存量为 1 760 万吨二氧化碳，相当于 790 万辆汽车的排放量。2015 年，全球转基因作物的种植共减少了 2 670 万吨二氧化碳排放，相当于 1 200 万汽车的排放量，较 2014 年的 2 700 万吨又减少了 1. 1%。

（三）保护生物多样性并节约了耕地面积

人口的快速增长以及人类活动对农业耕作土地带来巨大影响，为了给激增的人口提供食物和居住地，热带、亚热带和温带的许多平地被占据，植被因此比原先减少了一半以上，原始的人类聚居地仅在小块土地上保存下来。一直以来，农业被认为是减少生物多样性的产业，但是转基因技术的应用改变了这种状况，这一方面是因为转基因作物产量的提高减少了对土地的需求；另一方面是因为转基因作物对生物和环境的压力减少，从而保护了生物多样性和森林覆盖率。在 1996—2015 年间，转基因作物的种植和培育带来了 5. 74 亿吨的产量，并有效节约了 1. 74 亿公顷的土地，仅 2015 年，转基因技术的应用带来 6 580 万吨的作物产量，同时节约土地 1 940 万公顷。

（四）减少了农业的环境足迹

一直以来，不乏对转基因作物种植的批评之声，以抗除草剂作物为例，有人认为除草剂草甘膦成分虽然对环境有害，但是其对环境的负面影响比抗除草剂作物的影响要小。与此相反，布鲁克斯和巴福特的报告指出，在过去 20 年里，转基因作物的应用减少了农业中 6. 19 亿千克活性成分的排放，从而减少了农业环境足迹。另外，固氮转基因作物不仅减少了向水资源排放氮元素，还能使每公顷作物增产 15%。

（五）缓解了干旱缺水对农作物的影响

伴随全球气候的改变，干旱、洪涝灾害和气温上升等环境压力对农作物的影响很大。水资源是对农业生产影响较大的资源，美国环保部称，自20世纪70年代以来，干旱对全球作物的种植风险不断加大。联合国预测，到2025年，将有18亿人口生活在缺水地区，世界2/3的人口将面临缺水的压力。转基因抗旱作物的诞生正好解决了上述问题，以美国为例，美国从2013年开始抗旱型转基因玉米的商业化种植，2016年种植了120万公顷的抗旱玉米，减少了175%的用水量。

四、社会效益

（一）减少农药中毒事件发生

长期施用农药来减少病虫害，虽然在一定程度上，能够防治病虫害，提高粮食产量，但是对人类健康和生态环境带来了巨大的危害。DDT就是一个典型的例子，研究表明，连南极的企鹅体内都发现有DDT残留，可见化学杀虫剂很容易沿食物链扩散，从而在大范围内破坏整个生态系统。种植抗虫性状、抗除草剂性状的转基因作物可以减少农药的使用量，从而可以减少农药残留对人类健康以及生态系统的危害。

（二）减少化工产业污染，解决能源危机

转基因作物作为一种理想的生物化工厂，能减少化工行业所造成的污染。例如，转植酸酶基因玉米，能够在玉米籽粒中自动生成丰富的植酸酶，从而可以替代工业生产植酸酶。能减少产房、设备、能源消耗等投入，具有节能、环保、低成本的优势。现已成功开发出油酸含量由原来的25%增加到85%的转基因大豆新品系。该类高油酸大豆油可以代替石油产品用于工业应用。另外，并开发出了硬脂酸含量由原来的2%提高到40%的‘超油1号’‘超油2号’油菜品种。

（三）改善作物营养品质

随着生活水平的提高，人们对粮油品质的要求越来越高，为了满足人

类的需求，一些科研人员利用转基因技术对转基因粮油作物进行营养品质方面的改良。改良方向主要集中在提高蛋白品质、提高能量品质、提高维生素含量、提高微量元素含量和生产低过敏原或低毒素等 5 个方面。第三代的一些转基因作物富含 β-胡萝卜素、铁蛋白、维生素 E 等营养元素。目前，已研发出了一种富含铁、锌和维生素 A，能防止贫血病和预防维生素 A 缺乏的水稻新品种等一批优良转基因作物品种。研发出减少肥胖的高油酸大豆，降低生长期磷水平、提高人体矿物营养吸收的低肌醇六磷酸大豆、ω-3 大豆、硬脂酸大豆等对人体有益的转基因大豆。

第八章　转基因粮油作物商业化的风险分析

一、威胁我国粮食安全

我国转基因粮食作物一旦进行商业化种植，其对我国粮食安全的风险将贯穿粮食生产和消费的全过程，包括种植、加工、流通消费等环节。

（一）种植风险

转基因作物的种植风险主要体现在种子安全风险上。转基因粮食作物的种子没有繁育能力，所以种植转基因粮食作物的农户不得不依赖于享有转基因技术专利的跨国公司。国际种子联盟的报告称，孟山都、巴斯夫、先正达、拜尔、美国陶氏、杜邦六家跨国公司几乎完全控制着全球转基因种子，其中仅孟山都一家公司就垄断着全球70%以上的转基因种子的市场份额。近年来，国外跨国公司对我国粮食作物市场的干预已经逐步渗透到我国的种子研发环节，这无疑对我国粮食安全造成巨大隐患。

（二）加工环节风险

国外转基因公司主要通过合作研究、资金赞助等方式进入我国农产品加工环节，以食用植物油为例，国内该行业里有一半以上是外商独资企业和中外合资企业，特别是我国大豆产业中约70%的压榨企业已经被跨国公司所控制。如果不采取积极有效的应对措施，我国转基因粮油作物被全球跨国公司垄断的局势将更加严峻。

（三）销售风险

转基因粮油作物商业化的销售风险体现在两方面，一方面是对广大消费者的认知风险，另一方面是对我国粮油销售市场的挤占。目前，科学家们对于转基因作物食用的安全问题并不能给出确定性的答案，转基因作物投入市场的时间还不是很长，缺乏足够的证据证明其对人类健康有害与否。世界各国的商界、学术界、政府和普通消费者对转基因作物的看法不一，盲目推广或一味禁止都是不明智的做法。另外，转基因作物对我国农产品市场的挤占主要体现在其明显的产量优势和价格优势。转基因粮油作物的生产成本较传统非转基因作物要低，但其产量又较高，这无疑对国内粮食市场造成巨大的冲击，从我国逐年递增的大豆、玉米进口量就能看出这点。如果不是政府采取粮食临储政策等保护措施，我国粮食特别是三大主粮作物恐怕早就失去了巨大的市场份额。当前严峻的情势下，如何应对转基因粮食作物对我国95%的粮食自给率的威胁将成为迫切需要解决的问题。

二、生态安全风险

（一）可能减少生物多样性

生物多样性是生物在长期环境适用中逐渐形成的一种生物生存策略，对于提高其稳定性和生态效率有很大作用。同时，生物多样性也是人类生存和发展的基础，多样性的丧失，对环境以及人类的长远利益有害。

转基因作物损害生物多样性可能途径有三条。①非靶效应。转基因抗虫作物的好处就是可以直接杀死吞噬作物的害虫，减少农药的使用量。但是，它有可能杀死非目标害虫，即所谓的非靶效应。尽管目前没有这方面的明显例证，但是抗虫作物自身不可能区别开来害虫和益虫却是不争的事实。②基因扩散的风险。基因扩散就是外源基因扩散到其他农作物或自然野生品种并成为它们基因的一部分并固定下来，引起生物多样性的降低和野生资源的退化。③食物链破损的风险。自然界的各种生物都是长期自然选择的结果，自然在进化的过程中形成了具有稳定的、复杂的生物链的系统，每种生物都是链上的一环，某一生物数量的减少都可能影响整个生物链的稳定，进而造成整个生物系统的消亡。杀虫基因的转入，可以使某种作物直接将害虫杀死，这种害虫的死亡从短期看，当然对保护农业有利，但却对以这种害虫为食的其他生物不利，它们可能因为食物缺乏面临灭绝的境地。因此自然平衡的打破有时不仅以某一物种的灭绝为代价，它更喜欢连锁反应的形式，导致其他物种的消灭，殊不知，人类也是自然连锁反应链上的一环。

生物多样性一直是人类生存的基础，为人类提供了多样的食物资源，生物多样性的破坏，对人类生存是一种威胁，它降低了人类未来生存可供选择的几率。

（二）可能形成超级杂草

从1996年转基因作物首次商业化以来，抗除草剂性状始终是转基因作物的主要性状。人们在种植抗除草剂作物时，可能使转入作物中的抗除草剂基因扩散到其附近的近亲杂草中和杂草杂交，形成超级杂草；转基因作物也可能因为转入基因的不稳定性形成超级杂草。超级杂草的形成对环境可能带来灾难性的影响，它会疯狂地蔓延开来，任何除草剂都失去作用。

（三）进化的风险

抗虫、抗除草剂作物对害虫有极强的抵御作用，但随着时间的推移，害虫可能形成对这种转基因作物的抵抗力，这样会使转入基因失去其应有的作用。杀虫剂的部分失效就是一个例子。在开始使用杀虫剂时，对害虫的消灭功能非常明显，而若干年后，害虫逐渐拥有对杀虫剂的部分抵抗力或全部抵抗力，以致不得不通过增加农药使用量或研发新型农药来杀虫。从进化的意义上说，转基因抗虫作物犹如一种杀虫剂，可能是害虫进化的一种刺激因素，而非消灭害虫的终极武器。

（四）产生新病毒的风险

在转基因作物中，有一部分是抗病毒转基因作物，这种被转入的抗病毒基因有可能与其他的基因发生重组形成一种新病毒。因为在植物界中存在植物病毒之间的异源重组现象，异源病毒之间在寄生体中可以通过异源包壳作用而产生致病力不同的新病毒，从而改变病毒的寄主范围。目前，在田间试验中尚未发现转基因作物的病毒异源包装，然而，从理论上讲，存在这种可能性。

（五）对土壤环境的影响

转基因作物对土壤的影响有很多途径，如转基因作物收获后，其残留物留在田间，回到土壤中。转基因残留物腐蚀后，转入的基因也随之残留到土壤中。其次是，转基因作物根系分泌物进入根际土壤微生物圈，含有 *Bt* 蛋白的根部渗出物与根表面土壤颗粒物结合，*Bt* 毒素不易被生物降解，在土壤环境中保持很强的杀虫活性，最高达 234 天，杀死土壤中的生物。

三、食品安全风险

（一）产生有毒物质

转基因作物由于转入了一个外源性的基因而有可能会无意中提高天然植物毒素的含量，如芥酸、黄豆毒素、番茄毒素、马铃薯的茄碱、豆科的蛋白酶抑制剂等，这些毒素的增加有可能给使用这些转基因作物的消费者造成伤害甚至是死亡。或恰恰转入一个致毒基因，使原来无毒的农作物有毒，从而造成了进食这种转基因的消费者发生中毒事件。

（二）过敏反应

在传统作物中，有些人对部分作物食品存在过敏反应，而食用其他的农作物产品比较安全。转基因作物恰有可能将转入一种对某些人有过敏反应的基因。以前对这种作物不存在过敏反应，以后就有可能对这种转基因作物存在过敏反应。如果吃了此类作物的食品，就会产生不良结果，即使不吃此类作物食品，也减少了他们未来对食物的选择权。例如，巴西坚果事件。美国先锋种子公司将坚果中一种蛋白质基因转入到大豆中，一些对巴西坚果过敏的人，食用了这种转基因大豆，也产生了过敏反应，而对传统大豆不过敏。这个事例说明，在进行转基因作物的改良中，有可能将一些造成过敏的基因转入到农作物中来。

（三）抗药性

传统作物不存在对治疗疾病的药物有抗性，而转基因作物培育中，通常用一种抗生素抗性基因作为标记基因，帮助对转基因工程体进行筛选和鉴定。有可能使食用了这种转基因食品的部分人，在患病服药时，对药物产生抗性，不能治愈疾病。因为吃了该转基因作物，这种抗生素抗性基因可能会与人体内的有害细菌结合从而产生对抗生素药物的抗性。虽然目前尚未发现此类现象，但是没有发现并不代表不会发生。

转基因技术发展为人类解决社会发展中的一些重大问题发挥了重要作用。但是，转基因粮油育种技术作为一把双刃剑，在给人类带来希望的同时，也存在一些潜在危险。我们应该充分认识转基因作物可能存在的潜在危害，对其风险进行正确的认识和理智的评价，只有这样，我们才有可能将转基因育种技术这把“双刃剑”为我所用。

四、经济风险

转基因作物的经济风险主要体现在转基因作物种植农户承担的经济损失和转基因产品国际贸易损失。一方面，虽然目前的转基因技术日渐成熟，但是仍然存在不可避免的非预期风险在实践中，转基因作物受外界环境因素的影响，可能会导致其性状的改变，或者在杂交过程中不能完全表达其抗性特征，而且转基因作物抗性的持久性也是目前的技术水平无法保障的。这些复杂的原因都会导致转基因作物的品质没有保障，最终使那些倾向于种植转基因作物的农户承受巨大的经济损失。另一方面，全球范围内，转基因产品的进出口贸易仍然处于严格的监督管理之下，所以转基因产品的技术壁垒在进出口贸易中尤为明显。面对国际市场转基因产品的出口冲击，那些农产品进口国或者传统非转基因产品出口国必定会采取应对措施来抑制转基因产品的出口，这对于依赖转基因农产品出口创收的国家来说无疑要承担一定的经济风险。

五、知识产权风险

在转基因技术储备和品种研发方面，我国与发达国家存在着较大的差距，这种差距主要体现在相关知识产权的拥有量上。涉及主要转基因作物培育的基因和转化技术的专利权大部分掌握在发达国家的跨国公司手中，而目前商业化表现较好的转化事件及品种的所有权也在这些跨国公司手中。转基因品种研发过程的复杂性又导致其知识产权的复杂性和多重性；我国是 TRIPs 协议的成员国，必须履行其中规定的最低水平知识产权保护义务，这意味着自主知识产权不足是我国商业化转基因作物种植后无法回避的问题，而由此带来的风险更需要进行深入分析。

转基因品种和技术知识产权的复杂性与多重性。利用转基因技术开发一个新品种涉及多种技术和产品，比如目标基因、转化技术、启动子、标记基因等，而这些技术和产品在大多数国家都是专利法的保护范围。在农业生物技术领域开发新的产品很可能一不小心就涉及很多已申请专利保护的技术。比较极端的例子是“金稻”，这种水稻中转入了 3 种外源基因（两种来自水仙，一种来自细菌），这些外源基因可以产生维生素 A，有助于缓解贫困地区人口的营养不良问题。然而，在开发该品种所使用的技术和材料中，有 70 种是受专利保护的，而且专利权分属于 32 个不同的组织（企业或者研究机构）。如果“金稻”要商业化，必须得到全部 32 个专利权人的许可，并缴纳专利使用费，这使得“金稻”价格昂贵，贫困地区的贫穷农民又如何有能力购买？实际上，其他转基因作物的研发过程也涉及多种转化技术和基因，而其中许多转化技术都被跨国公司申请了专利，我国在其他转基因作物自主研发和产业化过程中必然也会面临同“金稻”一样的问题。

生物技术的发展给传统的知识产权制度带来了挑战，也使得发达国家和发展中国家对于知识产权问题站在了完全不同的立场上，而对于基因授予专利更加剧了生物技术知识产权保护问题的复杂性。在一些发达国家，知识产权的保护水平高，保护范围广，特定基因的专利权常常延伸到基因转移进去的转基因生物本身，使得整个生物体都在专利的保护范围之内；而发展中国家认为这种做法损害了其利益，因为许多基因往往来自于发展中国家的遗传资源，经过上述延伸的专利保护之后，发展中国家失去了对这些遗传资源的国家主权。我国是一个生物遗传资源大国，也曾经遇到过类似问题，来自于我国野生大豆的某高产性状标记基因 2002 年被孟山都在全球 100 多个国家提出专利申请，其申请范围涵盖了所有含有这些标记基因的大豆及其后代，以及所有引入这些标记基因的作物。如果这些专利申请获得批准，拥有世界 90%以上野生大豆资源的中国，要种植含有这些基因的大豆、出口含有这些标记基因的大豆到对该专利提供保护的国家，均须得到孟山都的许可，这对于我国对传统种质资源的主权是严重的挑战。

此外，转基因技术和品种知识产权的多重性也导致了发达国家和跨国公司在生物技术领域的垄断。1986—1997 年，大约 270 件关于 *Bt* 基因的专利是在 OECD 国家授予的，仅仅 6 个跨国公司就拥有了其中约 60%的专利。生物技术研发需要大量的投入，而这是发展中国家和小规模的私人公司所无法完成的事情；实力雄厚的跨国公司率先进入这一领域，并利用知识产权确立了其在该领域的垄断地位，而后进入的发展中国家不可避免地受到跨国公司的专利控制，导致发展中国家农民对跨国公司产生依赖，影响农业主权。

六、技术风险

抗虫性状的转基因作物只能对于某一类或某几类害虫具有抗性，并不是对所有害虫都有抗性。所以抗虫性状的转基因作物能有效地控制主要害虫的影响，减少农药的使用量。但是，相关研究表明，种植转基因作物的农田，次要的害虫数量明显增多。主要原因有两个，一方面是农药使用量的减少，改善了次要害虫的生存条件；另一方面，主要害虫的大量死亡，减少了次要害虫的食物竞争。次要害虫种群数量的积累，对抗虫性转基因作物造成了危害，随之而来不是农药使用量的增加，就得进一步改善转基因作物的抗虫性状。

以转基因抗虫棉为例。中国转基因抗虫棉从1996年批准商业化到现在20年的时间，已有研究表明，棉铃虫对*Bt*棉花的抗性增加了。即*Bt*棉对苗期发生的第二代棉铃虫具有较强抗性，而对当年7月中旬以后发生的第3代和第4代棉铃虫的抗性呈降低趋势，必须要施用农药（薛达元，2002）。害虫抗性增加的现象在*Bt*玉米上也同样存在，2001年7月，美国政府对转基因玉米的种植颁布了新的限令，以防止害虫对*Bt*玉米中的毒素形成抗性。美国环境保护局限令美国大部分玉米主产区的农场主应至少种植*Bt*玉米面积20%的非转基因玉米，在同时种植玉米和棉花的地区，非转基因玉米的面积要达到50%。这被称为“避难所制度”（Refuges System）。

我国在商业化种植抗虫棉的过程中并未建立避难所制度，由于玉米也是棉铃虫的侵害对象，在许多地区，玉米在一定程度上充当了棉铃虫的避难所，对于缓解棉铃虫抗性增加起到了积极作用。如果*Bt*玉米要商业化种植，棉铃虫必然就失去了避难所，那么就必须考虑在我国建立棉花和玉米害虫的避难所制度，以解决害虫抗性增加的问题。

然而，与国外大规模商业化农场经营不同，我国是典型的小规模农户经营，人多地少，经营分散，在山东和河北等玉米产区，户均土地仅有几亩；如何设计“避难所”是一个难题：如果每户都按照标准（比如*Bt*玉米种植面积的20%）预留一定面积耕地给非转基因玉米，将使得玉米生产的成本增加，收益下降；如果采取一村或者一乡联片设计避难所，在操作性的难度上也比较大。同时，避难所制度具有显著的正外部性，对于农民而言，建立避难所会减少经济收益，而这一制度本身的好处却并不属于哪一个具体农户，在这种情况下，农民就缺少建立避难所制度的激励，甚至会抵制这样一种制度存在。这都使得避难所制度在我国实施存在较大的困难。

此外，有学者认为避难所制度也不能从根本上解决害虫抗性的问题，原因是转基因作物田里的害虫和非转基因作物田里的害虫交配时间可能是错开的。在美国是采取晚种植非转基因作物的办法，来调整错开的时间。对我国来说，这种措施操作起来也有难度。首先，需要对不同玉米生态区进行分别研究，计算应当错开的时间；其次，需要对农民培训，让农民能够准确地在不同时间种植转基因作物和非转基因作物；最后，要保证避难所制度的顺利实施，还需要政府部门采取一定的扶持政策和采取一定的监管措施。

总之，在我国目前分散的、小规模农户经营的背景下，实施避难所制度存在较大的困难；而如果不实施避难所制度就可能面临棉花和玉米害虫抗性增加的危险，害虫抗性增加对农业生产的危害是难以估量的。

七、市场风险

由于目前的科学技术水平还无法准确地判定转基因作物及其产品中的外源基因在新的生物体中会产生什么样的影响，因此，转基因产品对人类健康影响也无法确定，这就使得转基因产品安全与否的争议吸引了从学者到普通公众的关注。学者们对于转基因产品是否安全的问题存在两大完全对立的阵营：一部分学者认为目前没有证据证明转基因产品是不安全的，一些研究已证明转基因成分对包括人类在内的生物无害；另一部分学者则认为转基因的商业化才短短十几年时间，而其对人体和环境的影响可能需要几十年的时间才能观察出来，危险也许是潜在的。正是由于专家学者们对转基因是否安全都没有达成共识，缺少相关专业知识的普通公众就更加无法判断。而且，关于转基因的争议不仅在健康方面，在环境、生态、甚至伦理方面都存在；这些争论影响了普通公众对转基因产品的信心，从而使得转基因产品较普通商品面临更大的市场风险。

为了了解消费者对转基因产品的态度，国内外许多经济学者采用各种方法进行了研究。这些研究结果得出的共同结论包括三个方面：一是各国消费者对转基因食品的态度差别很大，发达国家一般比发展中国家的接受程度低；二是收入水平越高的群体对转基因食品的接受程度就越低；三是政府对转基因食品的管理能力及消费者对政府管理的信心大小也是影响对转基因接受程度的重要因素，对政府管理有信心的消费者更容易接受转基因产品。

从我国的情况来看，如果转基因粮油作物在我国商业化种植，面临的市场风险可能来自于三个方面：一是转基因产品的标识、检测、追溯等安全管理方面的成本会导致产品的市场销售成本增加，影响市场销售；二是本国消费者对转基因食品的需求下降，从而影响市场销售；三是对转基因持谨慎态度的进口国一方面减少对我国转基因作物及其加工品的需求，另一方面由于担心基因漂移会“污染”其他非转基因农产品，从而减少对我国相关农产品的进口。

（一）转基因产品的安全管理增加了销售成本

转基因作物商业化种植之后，出于安全管理的需要，转基因产品与非转基因产品隔离运输、贮藏和销售。从市场管理和食品管理而言，我国对转基因产品采用强制性标签政策，标签的存在增加了市场销售的成本；同时还要求转基因产品的食用安全性和营养质量不得低于对应的原有食品，再加上从外观上无法判断转基因产品与非转基因产品的差异，这就需要对转基因产品进行检测，又增加了检测成本。

总之，与非转基因产品相比，转基因产品增加了贮藏运输成本、标签成本、检测成本等安全管理成本，这必然会增加销售成本。同时，由于安全管理措施的存在还会导致非转基因产品的市场销售成本增加。因此，非转基因产品的市场销售也会因为转基因产品而受到影响。

（二）国内消费量下降带来的风险

国内市场风险是国内消费者对于转基因食品对人体健康影响存在的不确定性从而导致对转基因作物及其相关加工产品的需求量的减少。以转基因抗虫玉米为例，国内市场风险的大小与对 *Bt* 玉米用途的规定密切相关。如果 *Bt* 玉米的商业化种植在我国被批准，对于 *Bt* 玉米的用途可能会有三种规定：仅用作饲料和工业原料；或者仅用作工业原料；或者食品、饲料和工业原料都可以。第二种情况仅用作工业原料面临的市场风险最小，而第三种面临的市场风险最大。然而，无论做出哪种规定，市场风险是存在的。可以预见，*Bt* 玉米的商业化将会导致消费者对玉米及相关产品的需求量减少。主要原因如下。

第一，从总体来看，我国是对转基因产品持谨慎态度的国家，无论是政府还是社会舆论对于转基因产品的态度也是谨慎的，并且我国政府制定了强制性转基因产品标识政策。*Bt* 玉米商业化种植之后，即便仅允许其用作工业原料，生产出来的产品仍然包含转基因成分。而深加工重要渠道的玉米发酵工业以玉米为原料生产出来的产品中有许多是食品添加剂；对转基因产品持谨慎态度的消费者出于安全起见，可能会减少对含有玉米或者以玉米为原料的产品的消费，从而导致对玉米消费需求的减少。

第二，我国最近几年连续出现食品质量安全问题，消费者对食品安全的关注越来越大，而对于政府在食品安全管理方面的信任程度也在下降。如果 *Bt* 玉米商业化种植，消费者可能会担心，在转基因产品与非转基因产品的市场监管和安全管理上是否严格有效，标明不含转基因成分的产品一定不含转基因吗？转基因与非转基因产品在运输、储藏、销售环节是否严格隔离？可能国家明确规定 *Bt* 玉米仅用作工业酒精，但是如果存在市场管理的漏洞，可能会有 *Bt* 玉米流入到食品加工的渠道。随着人民生活水平的提高，越来越多的中国消费者关注食品质量安全，如果 *Bt* 玉米商业化种植，由于对当前的食品安全管理和市场监管方面的信心不足，消费者也会减少对玉米、或者以玉米为原料加工产品的消费。

总之，由于对健康影响的不确定性导致消费者对转基因产品不能完全接受，从而使得 *Bt* 玉米的市场销售存在不确定性，而由于 *Bt* 玉米的存在，甚至可能会影响到对非转基因玉米的需求。

第九章　我国转基因技术的发展方向与策略

一、转基因育种的研发方向及重点领域

我国在进行转基因粮油作物育种技术研究时，不能盲目照搬国外的发展战略模式，应该从我国的国情出发，制定出符合我国国情的发展战略模式。同时，在研究方法、品种等方面要进行自主创新。

转基因育种研发需要高强度的资金投入，需要各类科研人员及其他相关领域的专家共同合作，才能有效地培育出生产上需要的作物新品种。我国是一个发展中国家，政府是投资的主体，投资渠道单一，投入资金自然十分有限。因此，不能同时对所有农作物的所有性状展开全面研究。应该抓住重点，针对玉米、大豆、水稻、小麦等关系国计民生的主要农作物以及抗虫、抗病、抗逆等关键性状进行研究。

（一）研发原则

1. 结合我国国情原则

我国应该根据本国的实际国情，来进行转基因粮油作物育种技术的研究，从而培育出一批能够解决我国实际问题的转基因作物品种。切不可随大流，照搬国外的研究内容。

2. 自主创新原则

我国拥有的自主转基因专利与发达国家相比，少之又少。而且相关转基因品种还利用了国外相关的转基因技术和材料。这些转基因品种如果进行商业化种植，就必须向专利技术和材料的所有国支付一定比例的专利费。这必将给我国带来经济损失，甚至受制于人。所以，我们应该加大研究力度，努力创新，争取研究更多的拥有自主专利权的转基因品种。只有秉持

自主创新的原则，我国转基因育种技术才能拥有更加光明的未来。

3. 需求导向原则（农民、消费者）

通过转基因育种技术改良出来的转基因作物，只有满足国家、农户、消费者的需要，才具有实用价值，进而得以推广种植利用。研发机构需要了解国家、农户和消费者的实际需要，根据他们的需求来对转基因作物进行研究。

（二）研发方向

1. 高产

我国粮食需求刚性增长，而粮食供给相对紧张。增加粮食供给的主要途径就是扩大耕地种植面积和提高粮食单产。随着工业化、城镇化的发展，可利用耕地面积十分有限，为了保障我国粮食安全，提高粮食单产成为我国粮食增产的主要手段。而依靠传统育种技术来增加粮食产量的空间已经很小，因此转基因育种技术首当其冲的成为粮食增产的重要手段。

我们应该充分利用转基因育种技术，改良转基因作物的性状，使之达到增产的目的。满足我国日益增长的粮食需求，保障我国粮食安全，扭转我国粮食的国际贸易逆差。

2. 抗虫抗病

近几年，我国自然灾害频繁发生，农作物的虫病灾害发生的周期越来越短，程度越来越严重，给农民和国家带来了巨大的损失。我国应该努力研发出一批具有较强抗病虫害性状的转基因粮油作物，抵制害虫和疾病，减少粮食产量的损失，保障我国粮油作物的稳定供应。

3. 抗逆性状

随着我国水资源短缺，农业用水难，大部分地区出现干旱，并且土地盐碱化、沙漠化程度较为严重，给我国的农业生产带来了巨大的挑战。针对我国的实际国情，研发一批抗干旱、抗盐碱性状的转基因作物，增强粮油作物的生存能力。

（三）重点品种与领域

1. 大豆、玉米

大豆、玉米国内供给远远满足不了国内需求，每年都要从国外进口大量的大豆和玉米，且进口的大豆几乎都是转基因大豆。所以我们应该把转基因育种技术研究的重点放在大豆和玉米的研究上，提高我国大豆和玉米的国内产量。且大豆和玉米主要用于饲料粮和工业粮，不直接供人食用，同时，美国、加拿大等发达国家已经商业化种植并消费转基因玉米和大豆很多年了，所以转基因大豆和玉米相对而言，更容易被我国消费者所接受，从而有利于商业化种植。

2. 水稻、小麦

我国主要以水稻和小麦作为口粮，随着我国人口增长，我国对水稻和小麦的需求量也是相当大的。我国加强转基因水稻和小麦的研究，并且随着人们生活水平的提高，对水稻和小麦的需求日趋精细，所以转基因水稻和小麦的研究重点应该放在营养改良和增加微量元素方面。

二、发展转基因技术的思路与策略

（一）对转基因技术研发采取积极主动的态度

作为一个发展中大国，我国必须独立发展以转基因技术为核心的生物技术体系，拥有自主创新的技术和品种，在生物技术革命中占据一席之地。尽管各方对转基因技术存在诸多争议，但是从研究的角度而言，我国应加大投入力度，抢占技术制高点。

（1）应根据我国的国情确立转基因技术研发目标和重点领域，不能盲目跟从国外的所谓“前沿”。目前跨国生物技术公司和国外相关机构主要针对发达国家的农业特点和需求研究那些具有较高商业价值的品种和技术，未必符合我国小规模经营、分散生产的农业现实。科学家应当对“前沿”进行重新理解，凡是能够解决我国农业生产面临的现实问题和突破制约因素的技术对我们而言就是“前言”。比如高产和抗逆（耐盐碱、抗旱）品种比耐除草剂品种更符合我国的现实需求。

（2）我国转基因技术研发应着重于基础研究，建议将研发重点放在转基因标准技术、方法和功能基因等基础性研究方面，以利突破国外在转基因技术方面形成的知识产权垄断。一个转基因品种的研发涉及基因（包括功能基因、标记基因、启动子、终止子）、将目标基因分离与克隆的技术、转化方法、导入外源基因受体的培养基和培养方法等一系列标准技术和方法。如果拥有了基因、标准技术和方法的知识产权，实际上就掌握了转基因研发领域的主动权和控制权。目前，转基因育种领域的上述基因、标准技术和方法多为少数跨国生物科技公司所有，形成了较为明显的专利垄断格局。因此，我国转基因技术研发要形成自主知识产权就必须将重点放在基础研究方面。

（3）加强转基因技术风险机理、风险评估及控制措施方面的研究，防患于未然。对转基因技术的争议源自于其存在的风险，这些风险涉及技术、生态、人类健康等方面。研究风险机理、对风险进行评估、如何控制风险就成为应用转基因技术不可回避的问题。自1996年美国开始种植转基因抗虫玉米以来，转基因抗虫作物已商业化种植了17年，我国也于1997年开始种植转基因抗虫玉米。已有研究表明，抗虫转基因作物的多年种植产生了害虫抗性增加的现象，同时非靶标次生害虫也明显增加，这使得农药使用量反而猛增。此外，转基因作物可能存在的抗性基因“逃逸”问题、对人类健康影响问题等还没有定论，这都需要积极开展研究。

（二）对于转基因技术推广应用采取慎之又慎的态度

虽然转基因作物正在世界范围内以较快的速度商业化种植，但也仅仅种植了17年而已，与人类寿命相比时间非常短。转基因作物对生态、环境和人类健康的影响仍无定论，或者说仍然是一个未知数。此外，从物种进化的角度而言，转基因技术的出现改变了物种的进化程序，跨越了生物物种间的自然属性，把上百年的物种自然选择的进化过程变为人为选择。人类通过改造自然为自身的发展创造条件，但是人类也曾经多次尝过过度改造自然的苦果，转基因技术的出现是人类改造自然的行为还是自然的行为，这需要时间的检验。因此，我们对转基因技术的推广应用应当采取慎之又慎的态度。

（1）本着为中华民族长远利益考虑立场，对转基因作物的潜在风险进行严密和长期的跟踪研究，在没有充分的科学研究证明其无害之前，我国应慎重对待转基因作物种植和转基因产品的进口。

（2）对转基因产品的进口建立严格的准入管理制度。严格控制和限制转基因产品的进口，对于已进口的转基因产品，要求出口方提供详细的转基因产品信息和长期观测评估数据。组建独立的评估机构对进口的转基因产品进行分析研究，确定风险等级。

（3）慎重对待转基因主粮作物的商业化。鉴于粮食是人民群众最基本的消费品和食品，保障粮食安全既是经济问题又是政治问题。一方面，转基因食品对人类健康影响仍无定论；同时我国目前转基因作物育种技术明显落后于发达国家。因此，现阶段不宜大规模推广转基因主粮作物。

（三）理性认识转基因技术对粮食增产的作用

目前商业化种植的转基因作物其性状主要为两类：抗虫和耐除草剂。对于抗虫品种，认为其优势在于少打农药和提高产量，至于提高多少产量，目前没有明确的数据。实际上，从理论上而言，抗虫品种主要是通过减少由于虫害造成的产量损失而增加了产量，如果在虫害不重的情况下，其增产效果与传统品种相比并无优势。对于耐除草剂品种，认为其优势在于节约除草的劳动力投入，增产也并不是耐除草剂品种的目标。因此，我们应当对转基因技术对粮食增产的作用有一个理性的认识，尤其不能寄希望于依靠转基因技术解决粮食安全问题，更不能把保障粮食安全作为商业化种植转基因主粮作物的理由。

（四）高度重视转基因技术对我国农业安全的影响

在现阶段，批准转基因作物的商业化除了面临前面提到的生态、环境和人类健康影响的不确定性之外，我国农业安全还将面临挑战。

（1）在转基因技术的研发方面，我国还落后于发达国家的跨国生物科技公司。目前世界上已商业化的转基因品种其知识产权掌握在孟山都、拜耳、先正达等跨国公司手中，比如孟山都掌握着已实现商业化的34个抗虫玉米转化事件中的17个，先正达拥有8个。品种是农业的命脉，失去了对品种的控制权，也就失去了对这个产业的控制权。品种权垄断必然导致农民既失去价格谈判权、也失去了对所购买商品的选择权。在商业化种植转基因大豆的阿根廷，孟山都几乎控制了大豆种子的全部市场，想种植非转基因大豆的农民已经很难买到种子。

（2）跨国公司掌握的通过品种控制生产资料的技术对我国农业安全是一个大的挑战。通过"基因修饰"可以使得种植某一转基因作物只能使用某种特定的生产资料。以转基因抗虫大豆为例，目前世界上种植面积最大的抗除草剂大豆为孟山都的抗农达大豆，这种大豆仅对该公司生产的农达除草剂具有耐受性，也就是说，只要种这个品种的大豆，就必须购买农达除草剂。通过控制品种权进一步又控制了该品种的投入品，如果这样的品种在我国商业化种植其潜在威胁不言而喻。

（3）"终止子"技术（Terminator Technology）和T-GURTS技术使得农民对种子供应商的依赖程度加深。跨国公司为了保护其自身的利益，在转基因品种中使用"终止子"技术，即对某些转基因品种植入"终止子"基因，使得生产者无法自行复制种子从而每年必须向跨国公司购买种子，这实际上是对"农民留种权"的破坏。T-GURTS技术是在转基因品种中插入一个基因，以控制品种某些性状的表达，这样该品种就需要通过外部诱导剂激活才能表现其某些性状，种植者要想其种植的品种具有这些性状，就必须同时购买化学诱导剂。这两种技术都使得农民对种子供应商的依赖程度加强。

第十章　研究结论与政策建议

一、研究结论

（1）转基因技术是现代科技史上发展最快、在农业上推广应用速度最快的技术，同时也是引起争议最大的一门技术。尤其是近十年来，关于转基因技术的争论更加激烈。如何对待转基因技术是各国政府都面临的共同问题。对转基因技术采取何种态度要立足于本国国情，全面衡量本国的技术、经济发展水平和相关产业发展状况。就我国而言，在转基因技术研发方面，要加大投入力度，确立符合我国国情的研发方向和重点领域；而对于转基因作物的商业化，则要采取慎之又慎的态度。

（2）自世界上第一例转基因植物问世以来，转基因技术研究范围不断扩大，到 2009 年转基因植物研究已涉及 35 个科的 50 多个物种，共 120 多种植物，研究内容包括抗虫、抗病、抗除草剂、抗逆、品质改良等。发达国家少数跨国公司主导转基因技术，同时，发达国家主导转基因作物品种和技术的知识产权体系，出现了公共部门、私人部门和公共+私人部门 3 种研发模式。

（3）自 1996 年转基因作物商业化种植以来，种植面积不断扩大，地域分布也在悄然发生变化，由最初的发达国家占主导，到发达国家和发展中国家各占“半壁江山”的格局，截至目前，发展中国家赶超领先发达国家。2016 年，全球范围内 26 个国家，包括 7 个发达国家和 19 个发展中国家种植了转基因作物，种植面积达 1.851 亿公顷，大致相当于英国国土面积的 8 倍。发达国家和发展中国家种植面积分别为 0.855 亿公顷、0.996 亿公顷。按照种植面积排名，前 11 位的国家转基因作物种植面积均超过 100 万公顷，排名前 6 位的国家分别是美国、巴西、阿根廷、加拿大、印度和巴拉圭，其中排名前3位的美国、巴西和阿根廷占总种植面积的78.77%，占据绝对主力地位。种植品种主要为棉花、玉米、大豆、油菜、马铃薯、甜菜、苜蓿、木瓜、南瓜、茄子、烟草和杨树等。

（4）20世纪80年代，我国开始研究转基因育种技术，相对发达国家，起步较晚。经过20多年的努力，我国已经形成了从基础研究到产品研发的一个较为完整的科技体系。我国研发的转基因作物种类达到了40多种，主要的粮油作物有水稻、玉米、小麦、大豆等，以抗病虫害、抗逆、品种改良等转基因性状为主。

（5）在转基因作物商业化方面，早在1992年，我国就曾种植过抗病毒转基因烟草。1996年，开始*Bt*棉花的商业化种植，随后转基因番茄、抗病毒木瓜、转基因白杨、抗病毒矮牵牛花、抗病毒甜椒等品种陆续被批准商业化种植。目前我国种植面积最大的转基因作物是*Bt*棉花。1997年，我国转基因棉花面积占世界转基因棉花种植面积的2.13%，2003年高达41.6%，之后逐渐下降，到2011年下降为15.79%。到目前为止，我国批准投入商业化种植的转基因作物只有两种，一是转基因抗虫棉花，二是转基因抗病毒番木瓜。除了棉花及番木瓜外，我国还批准进口用作加工原料的转基因作物，包括大豆、玉米、油菜、棉花、甜菜。

（6）从世界上已商业化的转基因作物来看，其经济效益主要体现在：能抵御一定的自然灾害，减少产量的损失、减少农民的农药等化学药品的投入和劳动力投入。其社会效益主要体现在：减少农药中毒事件发生、减少化工产业污染，解决能源危机和改善作物营养品质。转基因作物的生态效益主要体现在：提高土壤质量，减少农业环境污染和减少温室气体的排放。

（7）转基因作物商业化的风险主要包括七个方面：威胁我国粮食安全、生态安全风险、对人类健康的风险（食品安全风险）、经济风险、知识产权风险、技术风险和市场风险。其中生态安全风险和对人类健康的风险到底有多大，目前仍然没有科学的证据加以证明。

（8）我国在进行转基因粮油作物育种技术研究时，不能盲目照搬国外的发展战略模式，应该从我国的国情出发，制定出符合我国国情的发展战略模式。必须独立发展以转基因技术为核心的生物技术体系，拥有自主创新的技术和品种，在生物技术革命中占据一席之地。

（9）应根据我国的国情确立转基因技术研发目标和重点领域，不能盲目跟从国外的所谓“前沿”。我国转基因技术研发应着重于基础研究，建议将研发重点放在转基因标准技术、方法和功能基因等基础性研究方面，以利突破国外在转基因技术方面形成的知识产权垄断。不能同时对所有农作物的所有性状展开全面研究，应该抓住重点，针对玉米、大豆、水稻、小麦等关系国计民生的主要农作物以及抗虫、抗病、抗逆等关键性状进行研究。加强转基因技术风险机理、风险评估及控制措施方面的研究，防患于未然。

二、政策建议

（一）加快转基因技术的研发，培育有市场价值的转基因新品种

作为一个农业大国，中国应该在现有的研究与开发工作的基础上，充分挖掘、保护和利用中国特有的、丰富的基因资源，研究适合中国生态环境的转基因技术，加快我国农业转基因育种技术的发展，尽快赶上世界先进水平，提高转基因技术研究和商业化推广速度。国家应该采取多种政策，鼓励转基因技术的发展，开发有市场前景的转基因产品。同时要注意发展适合中国国情和农民真正需要的技术，对某些转基因产品的安全有重大怀疑，或涉及宗教信仰、伦理道德等重大问题，应持慎重限制态度。

同时，针对我国作物育种的重大需求，针对抗病虫、抗旱、优质、高产养分高效等重要性状，采用转基因技术，结合传统育种等技术，建立高效的多基因聚合的转基因育种技术体系；培育目标性状突出、综合性状优良的具有重大应用前景的转基因新品种；研发具有重大应用前景的功能性的新一代转基因作物新品种，研制具有重要市场前景的新型产品。

（二）加强转基因安全技术的研究，健全监管安全评价体系

目前，我国转基因作物及其产品的食用和饲用安全评价技术非常少，有关主要营养成分、毒性、致敏性的试验和分析方法也才刚刚建立，检测监测技术不完善，包括利用基因组学、蛋白组学、代谢组学等在内的系统生物学手段评价转基因作物可能产生的非预期效应和毒性等也亟待开展。因此，我国应加大对检测技术研究的投资力度，全面追踪国际上关于转基因农产品检测技术的最新信息，积极开展与国际权威机构的技术交流与合作，研究出适合中国国情的、与国际相接轨的检验检测技术和方法。

与急速发展的转基因作物相比，我国目前关于转基因作物的安全监管法规仍显滞后，其安全性评价体系和管理体制还处于起步阶段，至今还没有建立标准、规范的方法对转基因作物及其产品进行安全检测。为此，第一，我国需要建立一套系统、科学的转基因食品法律法规体系，参展国外标准与经验，制定可行的依据和标准，包括转基因食品安全检测技术标准、风险评估以及转基因食品的安全系数；第二，安全评价是转基因安全管理工作的核心，要进一步完善安全评价内容，建立完整性、可操作性和科学性评价体系，透明安全评价过程，要尽快统一检测机构，加强转基因食品的检测工作监管，确保转基因食品安全评价结果的权威性；第三，要建立科学合理的检测体系，提高安全检测技术，确保转基因农产品进出口的安全性；第四，针对尽快解决的问题，我国可依据《国际生物安全协议书》中的“预警原则”和 WTO 农业协议中关于允许各成员方政府采取正当的、以保护人类健康、动植物生命安全为目的规定，建立尽快预防性管理措施。

（三）均衡发展转基因育种技术与传统育种技术

转基因技术与传统技术是一脉相承的，其本质都是通过获得优良基因进行遗传改良。但是转基因技术能够克服传统技术所遇到一些问题。转基因技术是对传统技术的发展和补充。将两者紧密结合，可相得益彰，大大

地提高粮油作物品种的改良效率。

传统育种技术和转基因育种技术是农作物育种技术的两个方面，都为农作物的品种改良做出了巨大贡献。经历了一个多世纪的发展，传统育种已形成了一整套较为完善的育种理论和技术体系，在实践中取得了巨大的成就。但是，传统育种技术仍存在其局限性，如，育种时间较长、效率相对较低、遗传性状预见性较差、且可转入的性状是十分有限的。而转基因育种技术能很好地解决传统育种技术所面临的这些问题，体现出了一定的优越性。但是，转基因育种技术发展时间相对较短、育种理论和技术体系仍不够完善，并且转基因作物对生态系统和人类健康存在一些潜在的风险。鉴于传统育种技术和转基因育种技术各有优缺点，我们应该充分利用二者的优点，尽量避免二者的缺点，使它们更好地服务于我国的品种改良。

因此，我们必须均衡发展转基因育种技术和传统育种技术，使二者相结合来改良我国的粮油作物品种，它们之间是相辅相成、水涨船高的关系，而不是一个取代另一个的关系。未来的育种趋势将是转基因育种和传统育种有机结合、相互补充的育种方式。

（四）坚持消费者自主选择原则，加强转基因知识的宣传

转基因粮油作物最终是否能被消费者接受，社会氛围的培育和消费者的认知程度至关重要。由于广大民众对转基因育种技术了解不多，再加上有些媒体对转基因危害的报道不全面、有失公允或者不客观，容易误导公众。所以我们首先要求转基因粮油作物和食品加贴标签，而且标识必须明显、客观、真实，易于消费者识别，使消费者在进行购买消费时，有更多的知情选择的权利。其次，要加强科研人员和广大群众的交流，并且借助一些社会团体和媒体对转基因科普知识进行宣传，从而使广大民众认识转基因育种技术、了解转基因育种基因优势及可能存在的风险，消除公众对转基因产品和技术的顾虑和不解，通过教育，使人们对转基因粮油作物研发和育种技术有正确的认识。

参考文献

柏振忠，王红玲 . 2011. 转基因农业生物技术安全隐忧及其监管研究［J］. 农业科技管理（4）：80–83.

车巧怡 . 2012. 中国粮食产品进出口情况与国内粮食价格的相关性分析［J］. 吉林金融研究（5）：45–49.

陈飞，范庆泉，高铁梅 . 2010. 农业政策、粮食产量与粮食生产调整能力［J］. 经济研究（11）：101–114.

陈健鹏 . 2009. 转基因作物商业化对农业生产的影响及发展趋势［J］. 农业展望（12）：21–25.

陈健鹏 . 2010. 转基因作物商业化的现状、对粮食安全的影响及启示［J］. 农业经济问题（2）：15–20，110.

崔宁波，宋秀娟. 2015. 国外转基因大豆种植与育种研究进展. 东北农业大学学报，46（8）：103–108.

丁丽 . 2011. 转基因的功与过［J］. 北京农业，33：15–16.

费云燕，赵团结 . 2012. 商业化转基因大豆的发展现状及展望［J］. 现代农业科技（12）：43，52.

付争艳. 2015. 我国转基因作物研发现状及其发展对策趋势［D］. 郑州：河南农业大学.

高云，陈伟忠，詹慧龙，等 . 2013. 中国粮食增产潜力影响因素分析［J］. 中国农学通报（35）：132–138.

葛大兵，周延凯，吴小玲，等 . 2004. 转基因作物生态环境影响分析［J］. 农业环境与发展（2）：29–31.

韩长赋. 2017. 我国未批准任何一种转基因粮食作物商业化种植［EB/OL］. 新华网. 2017–03–07. http：//news. xinhuanet. com/politics/2017lh/2017–03/07/c_ 1120582676. htm.

韩俊，徐小青 . 2009. 我国粮食生产能力与供求平衡的整体性战略框架［J］. 改革（6）：5-35.

韩天富，黄大昉 . 2012. 发展我国农作物种业生物技术刻不容缓［J］. 中国种业（5）：1-4.

何永进 . 2006. 转基因技术对我国农业发展的意义和前景［J］. 苏南科技开发（Z1）：89-91.

胡笑彤 . 2012. 全球转基因作物的发展将依然强劲［J］. 精细与专用化学品（6）：1-4.

胡笑彤 . 2012. 转基因作物与农药的关系和作用［J］. 精细与专用化学品（4）：1-10.

黄大昉. 2011. 转基因作物育种研发与产业化发展的思考及建议. 生物产业技术（5）：30-31.

基因农业网. 2016. 国内外转基因生物研究与产业发展的意义与态势. 种业导刊（4）：26-28.

贾士荣 . 2004. 转基因作物的环境风险分析研究进展［J］. 中国农业科学（2）：175-187.

李建平，肖琴，王吉鹏. 2013. 转基因作物的风险分析及我国的应对策略［J］. 中国食物与营养，19（1）：5-9.

李建平，肖琴，周振亚. 2012. 转基因作物产业化现状及我国的发展策略［J］. 农业经济问题（1）：23-28.

李琳凤，李孟刚 . 2012. 当前影响我国粮食生产的主要因素分析［J］. 中国流通经济（4）：109-115.

刘海燕，杨业华，王学奎 . 2002. 转基因技术对传统农业的影响［J］. 湖北农业科学（6）：21-23.

刘加顺 . 2002. 转基因作物社会效益评价的客观标准问题研究［D］. 武汉：武汉理工大学.

刘玉，高秉博，潘瑜春，等 . 2014. 基于 LMDI 模型的中国粮食产量变化及作物构成分解研究［J］. 自然资源学报，29（10）：1709-1720.

卢长明 . 2011. 我国为什么要发展转基因技术［J］. 种业导刊（3）：

31-34.

陆群峰，肖显静 . 2009. 转基因作物环境风险争论综述 [J]. 山东科技大学学报（社会科学版）(5)：8-15.

马翠萍. 2015. 关于我国转基因粮食作物商业化种植问题的思考 [J]. 价格理论与实践（11)：153-155.

孟亚波. 2013. 美国对转基因食品的监管政策及其影响. 国际研究参考(1)：15-19.

农业部农业转基因生物安全管理办公室. 2015. 国外转基因知多少 [M]. 北京：中国农业出版社.

潘光堂，李淑君 . 2011. 转基因作物带来显著的社会效益 [J]. 种业导刊（12)：28.

沈平，武玉花，梁晋，等. 2017. 转基因作物发展及应用概述. 中国生物工程杂志，37（1)：119-128.

孙刚. 2012. 转基因列国志（上)：发达国家篇 [J]. 安徽科技（7)：54-56.

汤松 . 2012. 我国油料供需形势及发展对策 [J]. 中国食物与营养(7)：25-28.

童泽圣 . 2015. 我国粮食供求及“十三五”时期趋势预测 [J]. 调研世界（3)：3-6.

万建民 . 2011. 我国转基因植物研发形势及发展战略 [J]. 生命科学(2)：157-167.

汪其怀 . 2012. 转基因作物在可持续发展中的作用 [J]. 农业科技管理(4)：51-55.

王丽伟 . 2008. 我国转基因粮食作物研发现状与发展对策分析 [D]. 北京：中国农业科学院.

王永宁 . 2001. 日本转基因作物的研究现状及发展趋势 [J]. 全球科技经济瞭望（11)：61-62.

王志刚，彭纯玉 . 2010. 中国转基因作物的发展现状与展望 [J]. 农业展望（11)：51-55.

韦鸿，王磊.2011. 粮食价格、农民收入对粮食产量影响分析——基于VEC模型的实证［J］. 农业技术经济（6）：76-80.

魏蕾.2004. 我国转基因农产品面临的挑战与机遇［J］. 农业新技术（6）：1-4.

吴厚斌，郑鹭飞，穆兰，等.2012. 2011年全球登记的转基因作物［J］. 农药科学与管理（7）：62-64.

吴俊彦.2012. 美国转基因作物发展动态综述［J］. 黑龙江农业科学（2）：21-23.

吴乐，邹文涛.2011. 我国粮食消费的现状和趋势及对策［J］. 农业现代化研究（2）：129-133.

吴廖. 2016. 转基因作物全球商业化20年［J］. 科学新闻（6）：71-73.

吴新平，徐晖.2011. 美国转基因作物生产和消费情况［J］. 世界农业（10）：23-25.

吴焱焱.2008. 我国未来转基因食品政策研究［D］. 无锡：江南大学.

席景会，潘洪玉，李宏宇，等.2002. 转基因作物的益害分析［J］. 吉林农业科学（S1）：83-86.

肖国樱，周浩，孟秋成，等.2011. 中国转基因作物的主要争论问题与解读［J］. 农业现代化研究（6）：666-669.

肖琴.2012. 我国农作物转基因技术风险评价研究［D］. 北京：中国农业科学院.

熊建文，彭端，韦剑锋.2012. 转基因玉米研究与应用进展［J］. 广东农业科学（6）：27-29，44.

许世卫.2003. 新阶段中国农业转基因生物安全的发展战略［J］. 农业科研经济管理（2）：4-6.

杨永华.2011. 转基因作物对土壤微生物群落的影响及主要研究策略［J］. 农业生物技术学报（1）：1-8.

余秋英，贺浩华，彭小松.1998. 生物技术与传统育种［J］. 江西农业大学学报（4）：25-28.

张德亮.2005. 转基因作物经济研究综述［J］. 农业技术经济（4）：

64-70.

张俊祥，李晓峰.2011. 对我国转基因食品发展的建议［J］. 创新科技（11）：14-16.

张俊祥，李晓峰.2011. 关于中国转基因食品发展的分析和思考［J］. 中国科技论坛（11）：131-135.

张梅，李瑞.2012. 我国种业发展的隐忧及改进建议［J］. 郑州轻工业学院学报（社会科学版）（4）：80-82.

张文银，安永平，王彩芬，等.2008. 主要转基因作物研究现状及其产业化进展［J］. 生物技术通报（5）：1-4，9.

赵姜，王志丹，张琳，等.2012. 保障我国粮食安全的战略思考［J］. 农业展望（7）：41-43.

郑腾，陆承平.2004. 转基因技术对粮食生产的影响［J］. 生物学通报（1）：6-9.

周岩，薛晓锋，魏琦超，等.2012. 小麦转基因技术研究进展［J］. 生物技术通报（2）：53-58.

周志刚，郑明亮.2015. 基于对数均值迪氏指数法的中国粮食产量影响因素分解［J］. 农业工程学报，31（2）：1-6.

朱晶，李天祥，林大燕，等.2013. “九连增”后的思考：粮食内部结构调整的贡献及未来潜力分析［J］. 农业经济问题（11）：36-43，110，111.

朱祯.2010. 转基因水稻研发进展［J］. 中国农业科技导报（2）：9-16.

Alston J M，Norton G W，Pardey P G. 1998. Science under Scarcity：Principles and Practices for Agricultural Research Evaluation and Priority Setting［M］. Wallingford：CAB International（CABI）.

Bennett R，Morse S，Ismael Y. 2006. The economic impact of genetically modified cotton on South African smallholders：Yield，profit and health effects［J］. Journal of Development Studies，42（4）：662-677.

Bernard J C，John Pesek，Chunbo Fan. 2004. Performance Results and

Characteristics of Adopters of Genetically Engineered Soybeans in Delaware [J]. Agricultural and Resource Economics Review, 33: 282-292.

Brookes, Graham, Barfoot Peter. 2006. GM Crops: The First Ten Years-Global Socio-Economic and Enviromental Impacts [EB/OL]. ISAAA Briefs Brife36. Http: //www. isaaa. org.

Clive James. 2010. Global status of Commercialized Biotech [EB/OL]. GM Crops: 2009, ISAAA, Executive Summary, Brief 35. Http: //www. isaaa. org

Clive James. 2012. 2011 年全球生物技术/转基因作物商业化发展态势 [J]. 中国生物工程杂志（1）：1-14.